ACCESO GRATIS *a la Lectura en la Nube*

Para visualizar el libro electrónico en la nube de lectura envíe junto a su nombre y apellidos una fotografía del código de barras situado en la contraportada del libro y otra del ticket de compra a la dirección:

ebooktirant@tirant.com

En un máximo de 72 horas laborales le enviaremos el código de acceso con sus instrucciones.

LA EVOLUCIÓN EN LA APLICACIÓN DEL DERECHO MERCANTIL EN EL DEPORTE PROFESIONAL

Procedimiento de selección de originales, ver página web:
www.tirant.net/index.php/editorial/procedimiento-de-seleccion-de-originales

LA EVOLUCIÓN EN LA APLICACIÓN DEL DERECHO MERCANTIL EN EL DEPORTE PROFESIONAL

NATASHA VERGARA PRIETO

tirant lo blanch
Valencia, 2025

En caso de erratas y actualizaciones, la Editorial Tirant lo Blanch publicará la pertinente corrección en la página web www.tirant.com.

Obra realizada en el marco del Proyecto de Investigación de grupos UPV/EHU GIU21/014

EDITA: TIRANT LO BLANCH
C/ Artes Gráficas, 14 - 46010 - Valencia
TELFS.: 96/361 00 48 - 50
FAX: 96/369 41 51
Email: tlb@tirant.com
www.tirant.com
Librería virtual: www.tirant.es
DEPÓSITO LEGAL: V-3904-2024
ISBN: 978-84-1071-813-5

Si tiene alguna queja o sugerencia, envíenos un mail a: *atencioncliente@tirant.com*. En caso de no ser atendida su sugerencia, por favor, lea en *www.tirant.net/index.php/empresa/politicas-de-empresa* nuestro procedimiento de quejas.

Responsabilidad Social Corporativa: http://www.tirant.net/Docs/RSCTirant.pdf

Annerentzat,
Nire bizitzaren xedea zarelako.
Izugarri maite zaitut!

Índice

Prólogo 13

Capítulo I. Asociacionismo. Punto de partida 15

1. El asociacionismo. Su evolución 15

2. Las excepciones a la conversión 21

Capítulo II. Mercantilización forzosa: transformación en sociedades anónimas deportivas 37

1. Introducción 37

2. Transformación obligatoria de los clubes en sociedades anónimas deportivas 43

Capítulo III. El régimen jurídico de las Sociedades Anónimas Deportivas .. 71

1. Introducción 71

2. Proceso de constitución de las Sociedades Anónimas Deportivas 72

3. Regulación jurídica de la participación de los socios en la s ociedad anónima deportiva 85

4. Normas contables e información periódica 93

5. Cotización en bolsa de valores 97

6. La administración de la sociedad anónima deportiva 99

Capítulo IV. Concurso de acreedores 111

1. Introducción 111

2. Insolvencia 112

3. Evolución normativa del concurso de acreedores: afectación a las entidades deportivas. Conflicto entre el derecho concursal y el deportivo 118

Capítulo V. Excepción a la mercantilización en el derecho deportivo *141*

1. Introducción *141*

2. Third party ownership *141*

3. Fair play financiero *165*

Conclusiones *183*

Referencias bibliográficas *187*

Abreviaturas

ACB:	Asociación de Clubes de Baloncesto
AFC:	*Asian Football Confederation*
AFE:	Asociación de Futbolistas Españoles
ASOBAL:	Asociación de Clubes de Balonmano de España
BME:	Bolsa y Mercados Españoles
BOE:	Boletín Oficial del Estado
CAF:	*Confédération Africaine de Football*
CAS:	*Court of Arbitration for Sport*
CB:	Club Baloncesto
CD:	Club Deportivo
CF:	Club de Fútbol
CNMV:	Comisión Nacional del Mercado de Valores
COI:	Comité Olímpico Internacional
CONMEBOL:	Confederación Sudamericana de Fútbol
CONCACAF:	*Confederation of North, Central American and Caribbean Association Football*
CSD:	Consejo Superior de Deportes
DIRCE:	Directorio Central de Empresas, Instituto Nacional de Estadísticas
DOUE:	Diario Oficial de la Unión Europea
FC:	Fútbol Club

FIFA:	Federación Internacional de Fútbol Asociación
LNFP:	Liga Nacional de Fútbol Profesional
OFC:	*Oceania Football Confederation*
RC:	Real Club
RD:	Real Decreto
RETJ:	Reglamento sobre el Estatuto y Transferencia de Jugadores
RFEF:	Real Federación Española de Fútbol
SAD:	Sociedad Anónimas Deportiva
SD:	Sociedad Deportiva
STJCE:	Sentencia del Tribunal de Justicia de la Comunidad Europea
UD:	Unión Deportiva
UE:	Unión Europea
UEFA:	Unión de Federaciones Europeas de Fútbol
TAS:	*Tribunal de Arbitral du Sport*
TFUE:	Tratado de Funcionamiento de la Unión Europea
TMS:	*Transfer Matching System*
TPO:	*Third Party Ownership*

Prólogo

En la actualidad, a nadie le sorprende que el deporte profesional sea considerado uno de los más exitosos negocios a nivel mundial. La industria del deporte tiene un impacto directo muy relevante en la economía y, como consecuencia, es generadora de empleo. De hecho, se considera al deporte como una palanca generadora de industria y riqueza, que contribuye a la transformación socio-económica del país[1].

Únicamente con el propósito de situar el peso del deporte en la economía española, en el año 2023, ha de destacarse que el empleo en la industria del deporte ascendió a 248.900 personas, lo que supone un 1,2 % del empleo total en España; que el número de empresas relacionadas con el sector deportivo ascendieron a 41.180, lo que supone un 1,3 % del total de empresas recogidas en el DIRCE (Directorio Central de Empresas, Instituto Nacional de Estadísticas); y que las exportaciones del sector deportivo aumentaron durante dicho ejercicio hasta los 1.482,9 millones de euros, mientras que el sector importador ascendió a 2.492,4 millones de euros[2].

---

1 Así lo reconoce la nueva Ley 39/2022, de 30 de diciembre, del Deporte (BOE núm. 314, de 31 diciembre de 2022, páginas 193.306 a 193.397, TOL9.339.416) en su Preámbulo. Incluso, la Ley identifica un ecosistema deportivo en el que se realizan múltiples actividades e intervienen diversos agentes entorno al deporte profesional, mediante prestación de servicios deportivos y la incorporación de nuevas industrias deportivas que incorporan desarrollo tecnológico e innovación.

2 https://www.educacionfpydeportes.gob.es/dam/jcr:fbf05df0-5e3f-4b57-9d5b-6588d4ad34a9/aed-2024.pdf. Anuario de Estadísticas Deportivas 2023.

Pero no siempre fue así. El deporte, hasta hace bien poco, se consideraba una actividad lúdica y de recreo; se relacionaba directamente con el ocio. Aquellos que practicaban deporte eran aficionados, que, por razones de salud, en algunos casos, o por disfrute, en otros, empleaban un tiempo determinado de su tiempo libre a su práctica. Esto hizo que la estructura del deporte en España se configurara a través de la institución de la asociación.

Esta estructura en el deporte y, más en concreto, las consecuencias que se derivaron de dicho sistema, trajo verdaderos quebraderos de cabeza a los distintos gobiernos. La falta de sometimiento a control económico alguno de dichas asociaciones hizo que el sistema deportivo, en su conjunto, alcanzara unos niveles de endeudamiento inasumible por el sistema.

Como respuesta a dicho descalabro, las distintas administraciones públicas han optado, a lo largo de los últimos años, por imponer determinadas instituciones de carácter mercantil a la estructura del deporte; cuestión que, por otra parte, no ha sido nada sencilla, dada la reticencia manifiesta por parte de las asociaciones deportivas de asumir normativa distinta a la elaborada por ellas mismas.

Esta obra pretende analizar las instituciones mercantiles que se han impuesto, y que han tenido más relevancia en el mundo deportivo. De esta manera, se ha logrado ajustar la realidad del deporte profesional a la normativa ordinaria que es de aplicación en todos los restantes sectores económicos; si bien, todavía existen excepciones, donde la jerarquía normativa no se termina de respetar, prevaleciendo la regulación federativa deportiva respecto de la ordinaria. Dichas situaciones excepcionales también serán oportunamente tratadas en la presente obra.

Capítulo I

Asociacionismo. Punto de partida

1. EL ASOCIACIONISMO. SU EVOLUCIÓN

El deporte, hasta la promulgación de la Ley 10/1990, de 15 de octubre, del Deporte[3] (recientemente derogada por la Ley 39/2022, de 30 de diciembre, del Deporte[4], de aquí en adelante, la actual Ley del Deporte), fue siempre considerada una actividad lúdica y de recreo. Ello hizo que todo su sistema se basara en el asociacionismo, a través de los clubes deportivos. Estos se configuraban como asociaciones de carácter privado sin ánimo de lucro y, por tanto, sin categorización mercantil.

Se estima que el origen de los clubes deportivos se encuentra en la llegada a España de compañías inglesas. El club Recreativo de Huelva es el considerado como primer club deportivo español, siendo su constitución el 18 de diciembre de 1889[5].

Posteriormente, con la proliferación de dichos clubes, estos fueron incorporándose a diferentes federaciones, que se crearon a partir del último cuarto del siglo XIX, facilitando la institucionalización de la organización del deporte en España, lo que supuso una formalización de la estructura deportiva.

La primera norma específica reguladora del fenómeno deportivo fue la Ley 77/1961, de 23 de diciembre, sobre Educa-

---

3 BOE núm. 249, de 17 de octubre de 1990, páginas 30.397 a 30.411, TOL22.598.

4 BOE núm. 314, de 31 diciembre de 2022, páginas 193.306 a 193.397, TOL9.339.416.

5 https://recreativohuelva.com/historia/.

ción Física[6]. Entre las notas más destacables de dicha norma se encuentran el reconocimiento *de iure* del Comité Olímpico Español y la exclusión del asociacionismo deportivo del régimen general asociativo. Se impuso un control público de todas las actividades deportivas a través de la Delegación Nacional de Deporte; si bien se recomendaba el asesoramiento a esta de un Consejo Nacional formado por representantes del Comité Olímpico Español, de las federaciones nacionales y de los clubes deportivos, entre otros.

No es hasta la aprobación de la Ley 13/1980, de 31 de marzo, General de la Cultura Física y del Deporte[7] cuando se asienta legalmente la ordenación del deporte. Esta norma reconoce que su antecesora se ocupó, por primera vez, de esta materia con visión amplia y alto rango normativo; y que supuso una ley profundamente innovadora en cuanto habilitó importantes recursos económicos para el deporte con carácter permanente. Sin embargo, manifiesta que dicha Ley adoleció de una estructura organizativa inadecuada; y es, por ello, la necesidad de aprobación de una nueva norma que tuviera en cuenta las exigencias de aquella etapa, respondiendo a la obligación constitucional recogida en el artículo 43.3 de la Constitución Española[8].

Sin embargo, la Ley de Cultura Física y del Deporte de 1980 pronto presentó grietas, ya que se demostró que la existente fórmula de asociacionismo deportivo, donde no se distinguía el deporte profesional del aficionado y, por tanto, brindaba las

---

6 BOE núm. 309, de 27 de diciembre de 1961, páginas 18.125 a 18.129.

7 BOE núm. 89, de 12 de abril de 1980, páginas 7.908 a 7.913.

8 BOE núm. 311, de 29 de diciembre de 1978, páginas 29.313 a 29.424, TOL173.304.

mismas respuestas a tales realidades tan distintas una respecto de la otra, era poco operativa[9].

Una de las deficiencias afloradas fue la insuficiente regulación del régimen de responsabilidad tanto de las sociedades deportivas como de sus dirigentes, ya que no respondían frente a las deudas. Unido a esta, los problemas de financiación, por imposibilidad legal, de las asociaciones deportivas incrementó el problema económico. A pesar de que el Real Decreto 177/1981, de 16 de enero, sobre clubes y federaciones[10], en su artículo 4 k), preveía una patrimonio fundacional, no existía regulación alguna sobre la posibilidad de que dicho patrimonio pudiera verse aumentado mediante aportaciones posteriores.

Asimismo, la normativa no contenía un sistema general y preciso de control y verificación de cuentas de las asociaciones deportivas.

Todas estas deficiencias normativas, junto con otros conflictos[11], hicieron que el deporte profesional no pudiera hacer frente al largo proceso de endeudamiento, que ya provenía de la década de los 70, en el que se encontraba, por la inexisten-

---

9 CAZORLA PRIETO, L. Mª, (1990). *Las Sociedades Anónimas Deportivas*, Ediciones de Ciencias Sociales, Madrid, pág. 24 y ss.

10 BOE núm. 39, de 14 de febrero de 1981, página 3.408, TOL2.512.102.

11 La Asociación de Futbolistas Españoles, sindicato mayoritario de los futbolistas, más conocido como AFE, convocó una huelga de futbolistas indefinida a partir de la segunda jornada de la competición del campeonato 1984/1985. El seguimiento fue casi absoluto. Además, a los clubes, tras recurrir contra el dictamen del Ministerio de Trabajo, se les prohibió jugar con sus jugadores de categorías juveniles por ir contra el derecho a la huelga, lo que debilitó la posición de los clubes. Las reivindicaciones exigidas por los jugadores se resumían en la mejora en las prestaciones por parte de la Seguridad Social; cotizaciones más justas en Hacienda; regularización de la ordenanza laboral; y el pago de salarios pendientes de cobro a los jugadores por parte de los clubes.

cia de medidas legales necesarias para afrontar dicha situación. Como consecuencia de todo esto, el Estado tuvo que intentar reconducir la situación con la suscripción del Convenio para el Saneamiento del Fútbol Profesional de 11 de junio de 1985. Entre los objetivos principales del Convenio se encontraba el saneamiento económico del fútbol profesional; el evitar la reproducción en el futuro de situaciones económicas similares, a través del equilibrio presupuestario anual y el control económico de los clubes; la restructuración del fútbol profesional, menguando el número de clubes participantes en la competición; y la protección del fútbol aficionado, así como la potenciación del fútbol en general.

Entre las líneas generales del Convenio se le concedía a la Liga Nacional de Fútbol Profesional (LNFP)[12] un mayor porcentaje, 3,5 % sobre los ingresos de las quinielas con el fin de liquidar el pasivo exigible de los clubes. Como contrapartida, la LNFP se comprometió a lo siguientes: en primer lugar, a establecer junto con el Consejo Superior de Deportes (CSD)[13] criterios para la realización de auditorías a los clubes y elabora-

---

12 Entidad de carácter privado que por delegación de los poderes públicos gestiona, organiza y coordina la competición nacional oficial y profesional del fútbol. Serán sus socios los clubes participantes en dicha competición.

13 Institución que se crea mediante el Real Decreto 2258/1977, de 27 de agosto, sobre estructura orgánica y funciones del Ministerio de Cultura (BOE núm. 209, de 1 de septiembre de 1977, páginas 19.581 a 19.584), que en su artículo 13 dice lo siguiente:
"*Uno. Al Organismo autónomo Consejo Superior de Deportes le compete el fomento, planificación y desarrollo de la cultura física y las actividades deportivas de todo orden; la coordinación y ayuda a las Entidades sociales de carácter deportivo, así como la relación con el Comité Olímpico Español; la gestión, fomento y promoción de Centros y Servicios destinados a la cultura física y a la práctica deportiva; las enseñanzas y tareas de investigación relativas a estas actividades; y el régimen e inspección técnica de las actividades y manifestaciones deportivas.*

ción de presupuestos; en segundo lugar, a presentar las auditorías de los Clubes al CSD, así como el proyecto de presupuesto de cada temporada y el plan de saneamiento de cada club; y finalmente, a crear de una Comisión de Control y Seguimiento.

Conjuntamente con la firma de este Convenio, los clubes (pertenecientes a la LNFP) formalizaron un convenio con la LNFP en el que autorizaron a este último para que realizara auditorías sobre sus estados financieros; permitieron al CSD a que con cargo a la recaudación de las quinielas pagara las deudas contraídas por los clubes con las Administraciones Públicas; y asumieron las medidas disciplinarias que la LNFP les impusiera con el fin de gestionar mejor los clubes.

Pero desgraciadamente, todos los intentos por mejorar y sanear los estados financieros de los clubes fueron baldíos. La falta de mecanismos de control y sanción, por parte de la

---

Dos. El Consejo, que actuará en Pleno y en Comisión Permanente, será presidido por el titular del Departamento. Con categoría de Director general existirá un Director, nombrado por el Consejo de Ministros, a propuesta del de Cultura.

Tres. El Consejo Superior de Deportes se estructurará a través de cinco unidades con categoría de Subdirección General:

- *Secretaría General, con el Servicio Económico-Administrativo.*
- *Educación Física y Promoción, con los Servicios de Educación Física y del Promoción.*
- *Deportes, con los Servicios de Federaciones y Técnico.*
- *Equipamiento, con los Servicios de Planificación y de Instalaciones.*
- *Instituto Nacional de Educación Física.*

Cuatro. El Consejo Superior de Deportes asumirá las funciones que venían atribuidas a la Dirección General de Educación Física y Deportes y al Centro Superior de Educación Física y Deportes, así como los recursos financieros asignados a dichos Organismos en virtud del Real Decreto 1119/1977, de 20 de mayo.

Cinco. Las Delegaciones Provinciales de Deportes, cuyos titulares serán nombrados por el Ministro de Cultura, a propuesta de la Comisión Permanente del Consejo, dependerán funcionalmente e este.".

LNFP, hizo que aquel control económico riguroso a los clubes se convirtiera en una tarea imposible de llevarla a cabo. Ante la falta efectiva de control, los clubes continuaron con sus políticas de endeudamiento previas a la firma del plan, y su situación económica no hizo más que agravarse[14].

Ante la situación descrita, una situación de asfixia económica cercana a la quiebra, desde el gobierno se planteó un cambio en las estructuras deportivas desconocido hasta la fecha; esto es, se propuso una transformación de los clubes (asociaciones de carácter civil) pertenecientes a las competiciones profesionales en Sociedades Anónimas Deportivas (estructuras de naturaleza mercantil). La finalidad de esta conversión forzosa no era otra que la de imponer el control y la asunción de responsabilidades por parte de los clubes (y sus dirigentes) que hasta la fecha había sido imposible de llevar a efecto. Esta propuesta no fue bien acogida por los grandes clubes y fue objeto de enfrentamientos importantes entre los agentes intervinientes[15]. Finalmente, dicha transformación forzosa se llevó a término mediante la promulgación de la Ley 10/1990, de 15 de octubre, del Deporte[16], que además de la mencionada conversión previó la aprobación de un Segundo Plan de Saneamiento[17].

---

14 PALOMAR OLMEDA, A., (2012). "El Marco general de las entidades deportivas profesionales", en BELTRÁN, E. y PALOMAR OLMEDA, A. (Coord.): *Insolvencia de las Entidades Deportivas Profesionales,* Thomson Reuters Aranzadi, páginas 24 y ss.

15 GARCÍA MARTÍ, C. y GÓMEZ LÓPEZ, M., (2016). "Los planes de saneamiento y la conversión de los clubes de fútbol profesionales en Sociedades Anónimas Deportivas (1982-1992)", *Materiales para la Historia del Deporte* (14).

16 BOE núm. 249, de 17 de octubre de 1990, páginas 30.397 a 30.411, TOL22.598.

17 La obligación de conversión en Sociedades Anónimas Deportivas se regula en el artículo 19.1 de la Ley del Deporte 10/1990, y dice lo

2. LAS EXCEPCIONES A LA CONVERSIÓN

2.1. Regulación para acogerse a la excepción

Como ya se ha expuesto anteriormente, la aprobación del cambio en las estructuras asociativas deportivas no fue una cuestión pacífica. Esto es, el tránsito del asociacionismo al mercantilismo en el deporte profesional fue una cuestión muy debatida, que en un principio contó, fundamentalmente, con el rechazo de casi todos los clubes integrantes de la LNFP. Sin embargo, la situación económica de la mayoría de ellos hizo que las posiciones fueran cambiando previendo que la obligación de transformar las entidades deportivas en Sociedades Anónimas Deportivas previstas por la, entonces, nueva Ley del Deporte venía acompañada de un nuevo plan de saneamiento.

Considerando que la obligación de la conversión daba respuesta al caos económico deficitario de la mayoría de los clubes, aquellos (pocos) cuya economía estaba saneada, como resultado de una magnifica gestión, exigieron que fueran ex-

---

siguiente:
"*Los Clubes, o sus equipos profesionales, que participen en competiciones deportivas oficiales de carácter profesional y ámbito estatal, adoptarán la forma de Sociedad Anónima Deportiva a que se refiere la presente Ley. Dichas Sociedades Anónimas Deportivas quedarán sujetas al régimen general de las Sociedades Anónimas, con las particularidades que se contienen en esta Ley y en sus normas de desarrollo.*".
Respecto al segundo Plan de Saneamiento la Disposición Adicional 15ª de la referida Ley establece lo siguiente:
"*Con el fin de regularizar la situación económica de los Clubes de fútbol profesional se elaborará por el Consejo Superior de Deportes un Plan de Saneamiento que comprenderá un convenio a suscribir entre dicho Organismo y la Liga Nacional de Fútbol Profesional. Asimismo en el citado Plan de Saneamiento se incluirán los convenios particulares que los Clubes afectados deberán suscribir con la Liga Profesional.*".

ceptuados de dicha imposición, ya que su realidad económica no se sujetaba a la situación financiera que con la Ley querían enmendar.

Ante dicha presión, el legislador optó por exceptuar de dicha obligación de transformación a Sociedades Anónimas Deportivas a aquellos clubes cuya situación económica fuera solvente, mediante la incorporación de las Disposiciones Adicionales 7ª y 8ª a la nueva Ley, en la modalidad de fútbol y de baloncesto, respectivamente.

La Disposición Adicional 7ª dispuso que los clubes que, a la entrada en vigor de la Ley del Deporte, participaran en competiciones oficiales de carácter profesional en la modalidad deportiva del fútbol, y que, en las auditorías realizadas por encargo de la LNFP, desde la temporada 1985/1986 a la temporada 1989/1990, hubieran obtenido, en todas ellas, un saldo patrimonial neto positivo, podrían mantener su estructura jurídica, salvo que sus asambleas acordaran su transformación.

Por su parte, la Disposición Adicional 8ª preveía lo mismo respecto de la modalidad de baloncesto, si bien les exigió que para acogerse a la excepción realizaran una auditoría *ad hoc* bajo la supervisión de la Asociación de Clubes de Baloncesto.

Los únicos clubes que se acogieron a dicha excepción, y continúan actualmente bajo la misma estructura asociativa, fueron el Real Madrid Club de Fútbol, el Fútbol Club Barcelona, el Athletic Club de Bilbao y el Club Atlético Osasuna. Todos ellos son clubes participantes en competiciones profesionales en la modalidad deportiva de fútbol.

2.2. Regulación de los clubes deportivos

2.2.a. Normativa general

Antes de acometer el análisis de la regulación específica a la que se les sometió a aquellos clubes que quedaron exceptuados de la obligación a la conversión o transformación a Sociedades Anónimas Deportivas, es necesario estudiar la normativa general aplicable a los clubes deportivos prevista en la Ley 10/1990, de 15 de octubre, de Deporte[18].

La definición de clubes deportivos venía regulada en el artículo 13 y los definía como asociaciones de carácter privado, integradas por personas físicas o jurídicas que tuvieran por objeto la promoción de una o varias modalidades deportivas; la práctica de las mismas por sus asociados; así como la participación en actividades y competiciones deportivas. La categorización de los clubes se efectuaba en el artículo 14 y afirmaba que, en función de las circunstancias, señaladas en la propia Ley, los clubes se clasificaban en clubes deportivos elementales; clubes deportivos básicos y Sociedades Anónimas Deportivas.

Los clubes elementales venían regulados en el artículo 16 de la Ley y no hacía sino reiterar la falta de formalidades en su creación. Sus promotores o fundadores siempre debían ser personas físicas, y solo exigía la formalización de un documento privado como documento constitutivo en el que se indicara entre otros: el nombre y datos de identificación de los promotores; su voluntad de constituir, así como su finalidad y denominación; el domicilio a efectos de notificación; y el expreso sometimiento a las normas deportivas, así como la normativa aprobada por la federación de su modalidad deportiva. Para su

---

[18] BOE núm. 249, de 17 de octubre de 1990, páginas 30.397 a 30.411, TOL22.598.

válida constitución, además de estar inscrita en la federación deportiva correspondiente a su modalidad deportiva, debía estar inscrita en el Registro de Asociaciones Deportivas de la correspondiente Comunidad Autónoma.

Respecto a los clubes deportivos básicos, además de su obligación de estar inscritos en el Registro de Asociaciones Deportivas de la correspondiente Comunidad Autónoma, así como en la federación deportiva correspondiente a su modalidad deportiva, la Ley, en su artículo 17, exigía que los fundadores debían ser al menos cinco personas físicas o jurídicas que obligatoriamente debían otorgar el acta fundacional en documento público, esto es, frente a notario. Dicho documento debía incluir unos Estatutos que debían contener indefectiblemente los siguientes datos: la denominación, el objeto y el domicilio del club; los requisitos y el procedimiento de adquisición y pérdida de la condición de socios; los derechos y obligaciones de los socios; los órganos de gobierno y de representación y régimen de elección democrático de los mismos; el régimen de responsabilidad de los directivos y de los socios (en cualquier caso los directivos debían responder frente a socios, el club o terceros, siempre que mediare culpa o negligencia grave); el régimen disciplinario; el régimen económico-financiero y patrimonio; el procedimiento de reforma de sus Estatutos; así como, el régimen de disolución y destino de los bienes.

2.2.b. Regulación específica para los clubes exceptuados

Como ya se ha adelantado, una de las cuestiones más controvertidas para la configuración de un nuevo sistema organizativo del deporte profesional fue la imposición de la obligatoriedad de conversión de los clubes deportivos en Sociedades Anónimas Deportivas, siempre que aquellos participaran en competiciones estatales de carácter profesional. Ante la fuerte oposición de determinados clubes, cuya gestión económica y financiera había sido satisfactoria, el legislador, a la hora de configurar los términos de la Ley del Deporte, decidió aprobar una excepción (a través de sus Disposiciones Adicionales 7ª y 8ª) mediante la cual aquellos clubes que, participando en competiciones oficiales de carácter profesional en las modalidades de fútbol y baloncesto, que tuvieran unos saldos patrimoniales netos de carácter positivos durante el periodo de 4 ejercicios contables (temporada 1985/1986 a temporada 1989/1990), podían mantener su estructura jurídica asociativa, salvo que sus asambleas decidieran optar con la transformación en Sociedades Anónimas Deportivas. Tal como se ha expuesto anteriormente, los únicos clubes que se acogieron a esta excepción fueron el Real Madrid Club de Fútbol, el Fútbol Club Barcelona, el Athletic Club de Bilbao y el Club Atlético Osasuna, todos ellos de la modalidad deportiva de fútbol[19].

Sin embargo, a dichos clubes no transformados en Sociedades Anónimas Deportivas, y que, por tanto, no gozaran de la condición y el régimen jurídico propio de las sociedades anónimas[20], se les debían aplicar las siguientes particularidades:

Los clubes debían realizar un presupuesto anual de ingresos y gastos, aprobado por la asamblea, al que se debía de unir un informe emitido por la Liga Profesional. Los clubes que contaran con varias secciones deportivas, profesionales o no profesionales, debían de formar un presupuesto separado para cada sección.

- Los clubes debían de llevar una contabilidad sujeta a las normas generales del Plan General Contable; ahora

19 CARZORLA GONZÁLEZ-SERRANO, L. y BLEIN CUADRILLERO, A., (2017). "Las Sociedades Anónimas Deportivas", en PALOMAR OLMEDA, A. (Dir.) y TEROL GÓMEZ, R. (Coord.): *Derecho del deporte profesional,* Thomson Reuters Aranzadi, pág. 162 y ss.

20 Hoy en día, no gozan del régimen jurídico propio de las sociedades capitalistas.

bien, aquellos clubes que contaran con varias secciones deportivas, profesionales o no profesionales, debían llevar una contabilidad especial y separada para cada una de ellas.

- La LNFP, el CSD y, en su caso, la Comunidad Autónoma correspondiente podrían determinar la obligación de los clubes de someterse a una auditoría complementaria realizada por auditores designados por las mencionadas entidades.
- A los miembros de las juntas directivas de estos clubes se les impondría una responsabilidad mancomunada respecto de los resultados económicos negativos que se generaran durante el período de su gestión (el ejercicio económico comenzaría el 1 de julio de cada año y finalizaría el 30 de junio del siguiente). Antes de comenzar cada ejercicio, la junta directiva debía depositar, a favor del club y ante la LNFP, un aval bancario que garantizara su responsabilidad y que alcanzara el 15 % del presupuesto del gasto. El desarrollo del régimen jurídico del aval, así como su posible compensación prevista de la mencionada Disposición Adicional 7ª, debía ser determinada vía reglamentaria; cuestión esta que está, en la actualidad, regulada en las Disposiciones Adicionales 2ª y 3ª del Real Decreto 1251/1999, de 16 de julio, sobre Sociedades Anónimas Deportivas[21]. A este respecto, parece interesante resaltar la Disposición Adicional 3ª ya que, fundamentalmente, establece una serie de disposiciones encaminadas a hacer menos gravoso el requisito del aval, teniendo en consideración los posibles resul-

---

[21] BOE núm. 170, de 17 de julio de 1999, páginas 27.070 a 27.080, TOL152.326.

tados económicos positivos obtenidos por cada junta directiva[22].

---

[22] La Disposición Adicional 3ª del Real Decreto 1251/1999, de 16 de julio, sobre Sociedades Anónimas Deportivas, establece lo siguiente: "*La compensación de avales a que se refieren las disposiciones adicionales séptima y octava de la Ley del Deporte re realizará atendiendo a las siguientes condiciones y supuestos:*
En la primera temporada en que, de acuerdo con lo establecido en la disposición anterior de este Real Decreto, se iniciase la obligación de depositar avales, y para el supuesto de aquellas Juntas Directivas a las que sean atribuibles a su gestión continuada resultados económicos positivos desde la temporada 1985-1986 o siguientes, la cuantía del aval se obtendrá por la diferencia entre el 15 por 100 del presupuesto de gastos aprobado por la Asamblea, en el que se incluirán los gastos por amortizaciones y provisiones, y los referidos resultados económicos positivos.
En el supuesto de que dichos resultados fuesen superiores al 15 por 100 del presupuesto de gastos referidos, no habrá que depositar aval alguno.
En el supuesto de las Juntas Directivas que inicien su gestión, estas habrán de depositar un aval cuya cuantía sea el 15 por 100 del presupuesto de gastos.
Para el cálculo de la cuantía de los avales bancarios que deban depositarse en los ejercicios sucesivos y siempre bajo la condición de que el Presidente de la Junta Directiva permanezca durante todo el mandato o que su sucesor haya sido miembro de dicha Junta durante el referido período, se tendrán en cuenta los resultados económicos positivos o negativos acumulados hasta la fecha correspondiente por dicha Junta Directiva.
En el supuesto de que los resultados económicos fuesen positivos, la cuantía del aval se obtendrá por la diferencia entre el 15 por 100 del presupuesto de gastos y la cuantía de dichos resultados positivos acumulados.
En el supuesto de que los resultados positivos fuesen iguales o superiores al 15 por 100 del presupuesto de gastos, no será necesario depositar aval alguno.
En el supuesto de que los resultados fuesen negativos, la cuantía del aval será la que se obtenga de sumar a dichos resultados negativos acumulados el 15 por 100 del presupuesto de gastos correspondientes, salvo que la liga profesional hubiera ejecutado el aval, en cuyo caso, la cuantía será del 15 por 100 del presupuesto de gastos correspondientes, más el importe de los resultados negativos en la cuantía no cubierta por el aval ejecutado, en su caso.".

La exigencia de responsabilidad mancomunada de los miembros de la junta directiva, por las posibles deudas del club deportivo, pudiera considerarse como excepcional y especialmente grave. Su motivación fundamental partía de la situación fáctica y económica que llevó a la reforma del deporte en el año 1990, que presentaba a la sociedad anónima deportiva como el instrumento clave para comenzar con el proceso de mercantilización del deporte profesional. Ante la negativa de conversión, la Ley impuso un sistema de responsabilidad por deudas ajenas de los miembros de las juntas directivas de los clubes profesionales.

Las personas o instituciones legitimadas para exigir la acción de responsabilidad eran el propio club, tras el oportuno acuerdo de su asamblea; subsidiariamente, por los socios que representaran al menos el 5 por 100 del número total de los mismo; y por la LNFP y por el CSD, pero siempre que hubieran transcurrido 4 meses desde el cierre económico[23].

2.2.c. Problemática judicial a la que se ha enfrentado la propia excepción, así como los clubes profesionales que se acogieron a la misma

La aplicación de dicha excepción en ningún caso fue ni ha sido pacífica, y ha terminado siendo objeto de litigios judiciales.

---

23 SAMPER VIDAL, J., (1992). "Régimen especial de los clubes profesionales no obligados a adoptar la forma de sociedad anónima deportiva", en *Transformación de clubes de fútbol y baloncesto en Sociedades Anónimas Deportivas*, Civitas, páginas 213 y ss.

2.2.c.1. Auto del Tribunal Constitucional de 5 de junio de 1995[24]

El auto del Tribunal Constitucional fue consecuencia de una demanda formulada por socios del Valencia Club de Fútbol por la impugnación del acuerdo social adoptado el 26 de septiembre de 1991 sobre su transformación en sociedad anónima deportiva, según los preceptos exigidos por la Ley 10/1990 del Deporte.

El 26 de septiembre de 1991, la entidad Valencia Club de Fútbol adoptó el acuerdo de transformarse en sociedad anónima deportiva, con base en los siguientes preceptos: artículo 19, Disposición Transitoria 1ª y Disposición Adicional 7ª de la Ley 10/1990, de 15 de octubre, del Deporte. Los solicitantes de amparo impugnaron dicho acuerdo social ante el Juzgado de Instrucción núm. 11 de Valencia, alegando que las disposiciones legales citadas vulneraban los artículos 14 y 22 de la Constitución española, por lo que interesaron del órgano judicial que plantease ante el Tribunal Constitucional la cuestión de inconstitucionalidad. Contra la sentencia desestimatoria dictada por el Juzgado, formularon recurso de apelación, que sería igualmente desestimado por la Audiencia Provincial (mediante sentencia fechada el 4 de julio de 1994). Finalmente, y siguiendo las instrucciones de la resolución, presentaron recurso de amparo ante el Tribunal Constitucional.

El contenido del recurso de amparo ante el Tribunal Constitucional no era otro distinto al planteamiento de la inconstitucionalidad de los preceptos mencionados de la Ley del Deporte, cuya aplicación dio origen al acuerdo social impugnado por los solicitantes de amparo.

Según los solicitantes del amparo, el régimen excepcional previsto en la Disposición Adicional 7ª lesionaba el artículo 14

---

24 ECLI:ES:TC:1995:162A. TOL224.613

de la Constitución española[25]. Los recurrentes reclamaban que el trato desigual que preveía el precepto se basaba en premiar a aquellos clubes que hubieran demostrado una buena gestión, y según ellos, para alcanzar dicho objetivo habría debido tomarse como parámetro la cuenta de resultados y no la existencia de un patrimonio neto positivo. Además, los recurrentes exponían que el trato desigual concedido a los clubes que se pudieron acoger a la excepción generaba unas consecuencias jurídicas desproporcionadas para conseguir la finalidad perseguida. Así, los administradores de las Sociedades Anónimas Deportivas estaban obligadas a constituir mancomunadamente una fianza ante la LNFP (y a favor de aquellas entidades y personas que pudieran ejercer la acción de responsabilidad) no inferior al 5 por 100 del presupuesto de gastos; mientras que los miembros de las juntas directivas solo responderían mancomunadamente de los resultados económicos negativos que se generasen durante su periodo de gestión.

Asimismo, los recurrentes también entendían que dichos preceptos lesionaban el artículo 22.4 de la Constitución española[26], ya que consideraban que la exclusión de poder participar en competiciones oficiales estatales de carácter profesional y, por ende, beneficiarse del Plan de Saneamiento por no cumplir con la obligación de los clubes a transformarse en Sociedades Anónimas Deportivas, suponía privar a los clubes de su principal razón de ser, constituyendo una conculcación del derecho de los ciudadanos a permanecer asociados en condiciones de libertad.

---

25 El artículo 14 de la Constitución española dice lo siguiente: "*Los españoles son iguales ante la ley, sin que pueda prevalecer discriminación alguna por razón de nacimiento, raza, sexo, religión, opinión o cualquier otra condición o circunstancia personal o social.*".

26 El artículo 22.4 de la Constitución española establece lo siguiente: "*Las asociaciones solo podrán ser disueltas o suspendidas en sus actividades en virtud de resolución judicial motivada.*".

Ante la mencionada reclamación el Tribunal expuso que el principio de igualdad en la Ley, reclamado por los recurrentes, consistía en que, ante supuestos de hechos iguales, las consecuencias jurídicas que se pudieran extraer fueran asimismo iguales; y entendía que la situación planteada era inadecuada, porque ni en modo alguno era aceptable la equiparación entre los clubes de fútbol que mantuvieron un patrimonio neto positivo y aquellos otros que no satisficieron ese requisito. Según el Tribunal resultaba incuestionable que el elemento diferenciador consistente en el mantenimiento de un patrimonio neto positivo, en cuanto indicativo de una buena gestión, se adecuaba estrictamente a la finalidad última que inspiró al legislador.

Respecto a la vulneración del derecho de asociación, el Tribunal manifestó que lo dispuesto en la Ley, esto es, la transformación en Sociedades Anónimas Deportivas no se producía *ope legis*, sino en virtud de un acuerdo voluntario adoptado por los propios miembros del club deportivo. Además, puntualizó que excluir de las competiciones profesionales estatales, así como del Plan de Saneamiento, a aquellos clubes que no procedieran a la conversión prevista en la Ley no suponía, en ningún caso, una infracción del precepto, ya que establecer medidas positivas a favor de los clubes transformados no integraba el contenido constitucionalmente declarado del derecho fundamental, sino que constituían meros derechos de creación legal.

Por todo la expuesto, el Tribunal Constitucional acordó la inadmisión a trámite del recurso de amparo por carecer la demanda de contenido constitucional.

2.2.c.2. Sentencia del Tribunal de Justicia de la Unión Europea de 4 de marzo de 2021[27]

Por su parte, los clubes que se acogieron a la excepción también han sido objeto de procedimientos judiciales, el más destacado el mantenido ante instituciones europeas.

En noviembre de 2009, la Comisión fue advertida sobre un posible trato preferente, en lo relativo al impuesto sobre sociedades, a los cuatro clubes deportivos que se acogieron a la excepción regulada en la Disposición Adicional 7ª de la Ley del Deporte 10/1990 -concretamente, Athletic Club de Bilbao, Club Atlético Osasuna, Fútbol Club Barcelona y el Real Madrid Club de Fútbol-, en comparación con las Sociedades Anónimas Deportivas. Consecuencia de la información recibida, la Comisión decidió incoar el oportuno procedimiento partiendo de la premisa de que el trato fiscal dispensado a los clubes deportivos difería (era sensiblemente inferior) del aplicable a las Sociedades Anónimas Deportivas. Los clubes deportivos implicados negaron que el diferente trato fiscal supusiera un trato favorable hacía ellos. Por una parte, manifestaron que, al ser entidades sin ánimo de lucro, su régimen de responsabilidades impuesto a sus órganos de gestión era muchísimo más estricto, que en el caso de las Sociedades Anónimas Deportivas; de hecho, sus gestores eran responsables personal e ilimitadamente de las eventuales pérdidas. Y, por otra, señalaron que la posible ventaja derivada de los diferentes tipos impositivos podía verse contrarrestada con la diferencia en las deducciones que se pudieran aplicar en el impuesto de sociedades, ya que en el caso de las Sociedades Anónimas Deportivas las deducciones eran superiores a las que pudieran aplicarse los clubes deportivos.

La Comisión en su Decisión 2016/2391 de 4 de julio de 2016, relativa a la ayuda estatal S.A. 29769 (2013/C) (ex (2013/

27 ECLI:EU:C:2021:169. TOL8.335.278.

NN) concedida por España a determinados clubes de fútbol (DOEU L-357, de 28 de diciembre de 2016), manifestó que España había introducido ilegalmente una ayuda en forma de privilegio fiscal en el impuesto sobre sociedades para los cuatro clubes deportivos, infringiendo el artículo 108 del Tratado de Funcionamiento de la Unión Europea (TFUE)[28], y que dicha

---

28 El artículo 108 del Tratado de Funcionamiento de la Unión Europea, DOUE C83/47, de 30 de marzo de 2010, TOL3.711.558, establecen lo siguiente:
"*1. La Comisión examinará permanentemente, junto con los Estados miembros, los regímenes de ayudas existentes en dichos Estados. Propondrá a éstos las medidas apropiadas que exija el desarrollo progresivo o el funcionamiento del mercado interior.*
2. Si, después de haber emplazado a los interesados para que presenten sus observaciones, la Comisión comprobare que una ayuda otorgada por un Estado o mediante fondos estatales no es compatible con el mercado interior en virtud del artículo 107, o que dicha ayuda se aplica de manera abusiva, decidirá que el Estado interesado la suprima o modifique en el plazo que ella misma determine. Si el Estado de que se trate no cumpliere esta decisión en el plazo establecido, la Comisión o cualquier otro Estado interesado podrá recurrir directamente al Tribunal de Justicia de la Unión Europea, no obstante lo dispuesto en los artículos 258 y 259. A petición de un Estado miembro, el Consejo podrá decidir, por unanimidad y no obstante lo dispuesto en el artículo 107 o en los reglamentos previstos en el artículo 109, que la ayuda que ha concedido o va a conceder dicho Estado sea considerada compatible con el mercado interior, cuando circunstancias excepcionales justifiquen dicha decisión. Si, con respecto a esta ayuda, la Comisión hubiere iniciado el procedimiento previsto en el párrafo primero del presente apartado, la petición del Estado interesado dirigida al Consejo tendrá por efecto la suspensión de dicho procedimiento hasta que este último se haya pronunciado sobre la cuestión. Sin embargo, si el Consejo no se hubiere pronunciado dentro de los tres meses siguientes a la petición, la Comisión decidirá al respecto.
3. La Comisión será informada de los proyectos dirigidos a conceder o modificar ayudas con la suficiente antelación para poder presentar sus observaciones. Si considerare que un proyecto no es compatible con el mercado interior con arreglo al artículo 107, la Comisión iniciará sin demora el procedimiento previsto en el apartado anterior. El Estado miembro interesado

ayuda no era compatible con el mercado interior. La Comisión condenó a España a que pusiera fin al trato fiscal favorable y a que se recuperaran las cantidades dejadas de cobrar como consecuencia de dicho trato.

Esta sentencia fue recurrida ante el Tribunal General de la Unión Europea, asunto T-865/16, de 26 de febrero de 2019[29], por la que anuló la decisión dictada por la Comisión Europea, al considerar que la Comisión Europea no había acreditado convenientemente las ayudas ilegales reprobadas. Concretamente, le reprochó que cuando la Comisión llevó a cabo la comparación formal de los tipos de gravamen aplicables, la aplicable a la sociedad anónima deportiva y al club deportivo, no analizó el alcance de las diferentes deducciones fiscales a las que una y otro tenían derecho.

Dicha resolución fue recurrida por la Comisión Europea en casación ante el Tribunal de Justicia de la Unión Europa y con fecha 4 de marzo de 2021 dictó su sentencia, anulando la sentencia del Tribunal General y dando la razón a la Comisión cuando estimó que el Reino de España, mediante la Ley 10/1990, había introducido ilegalmente una ayuda (incompatible con el mercado interior), en forma de privilegio fiscal, en el impuesto sobre sociedades para los clubes sujetos a la excepción, infringiendo el artículo 108, apartado 3, en relación con el artículo 107, del Tratado de Funcionamiento de la Unión Europea[30].

---

no podrá ejecutar las medidas proyectadas antes que en dicho procedimiento haya recaído decisión definitiva.".

29 ECLI:EU:T:2019:113. TOL7.066.068.

30 Los artículos 107 y 108.3 del Tratado de Funcionamiento de la Unión Europea, DOUE C83/47, de 30 de marzo de 2010, TOL3.711.558, establecen lo siguiente:
"*Artículo 107*

---

1. *Salvo que los Tratados dispongan otra cosa, serán incompatibles con el mercado interior, en la medida en que afecten a los intercambios comerciales entre Estados miembros, las ayudas otorgadas por los Estados o mediante fondos estatales, bajo cualquier forma, que falseen o amenacen falsear la competencia, favoreciendo a determinadas empresas o producciones.*
2. Serán compatibles con el mercado interior:
a) las ayudas de carácter social concedidas a los consumidores individuales, siempre que se otorguen sin discriminaciones basadas en el origen de los productos;
b) las ayudas destinadas a reparar los perjuicios causados por desastres naturales o por otros acontecimientos de carácter excepcional;
c) las ayudas concedidas con objeto de favorecer la economía de determinadas regiones de la República Federal de Alemania, afectadas por la división de Alemania, en la medida en que sean necesarias para compensar las desventajas económicas que resultan de tal división. Cinco años después de la entrada en vigor del Tratado de Lisboa, el Consejo podrá adoptar, a propuesta de la Comisión, una decisión por la que se derogue la presente letra.
3. Podrán considerarse compatibles con el mercado interior:
a) las ayudas destinadas a favorecer el desarrollo económico de regiones en las que el nivel de vida sea anormalmente bajo o en las que exista una grave situación de subempleo, así como el de las regiones contempladas en el artículo 349, habida cuenta de su situación estructural, económica y social;
b) las ayudas para fomentar la realización de un proyecto importante de interés común europeo o destinadas a poner remedio a una grave perturbación en la economía de un Estado miembro;
c) las ayudas destinadas a facilitar el desarrollo de determinadas actividades o de determinadas regiones económicas, siempre que no alteren las condiciones de los intercambios en forma contraria al interés común;
d) las ayudas destinadas a promover la cultura y la conservación del patrimonio, cuando no alteren las condiciones de los intercambios y de la competencia en la Unión en contra del interés común;
e) las demás categorías de ayudas que determine el Consejo por decisión, tomada a propuesta de la Comisión.".
"Artículo 108
(…)
3. La Comisión será informada de los proyectos dirigidos a conceder o modificar ayudas con la suficiente antelación para poder presentar sus observaciones. Si considerare que un proyecto no es compatible con el mercado

interior con arreglo al artículo 107, la Comisión iniciará sin demora el procedimiento previsto en el apartado anterior. El Estado miembro interesado no podrá ejecutar las medidas proyectadas antes que en dicho procedimiento haya recaído decisión definitiva.".

Capítulo II.

Mercantilización forzosa: transformación en Sociedades Anónimas Deportivas

1. INTRODUCCIÓN

Como ya se ha avanzado en el capítulo anterior fue la Ley 10/1990, del 15 de octubre, del Deporte[31] la que, por primera vez, impuso mercantilizar aspectos en el deporte que hasta la fecha habían sido impensables. De hecho, en su propio Preámbulo, entre los objetivos de la Ley, preveía la necesidad de regular el espectáculo deportivo, considerándolo como una actividad progresivamente mercantilizada.

Este objetivo se materializó en la imposición de la obligación de conversión en Sociedades Anónimas Deportivas, con la finalidad de controlar y gestionarse mejor, a los clubes que participaran en competiciones estatales de carácter profesional (art. 19.1 de la Ley referida). En ese momento, las competiciones reconocidas por la Ley[32] como profesionales fueron las de Primera y Segunda División A de fútbol y la Primera División

---

31 BOE núm. 249, de 17 de octubre de 1990, páginas 30.397 a 30.411, TOL22.598.

32 Disposición Adicional 5ª del Real Decreto 1084/1991, de 5 de julio, sobre Sociedades Anónimas Deportivas (BOE núm. 168, de 15 de julio de 1991, páginas 23.468 a 23.472), que fue derogada por el Real Decreto 1251/1999, de 16 de julio, sobre Sociedades Anónimas Deportivas (BOE núm. 170, de 17 de julio de 1999, páginas 27.070 a

masculina de baloncesto, denominada liga ACB. No ha sido hasta fechas recientes cuando se han ampliado las competiciones reconocidas como profesionales, mediante la calificación, como tales, de la Primera División femenina de fútbol[33], en el 2022, y de la máxima categoría de balonmano masculino, Liga ASOBAL[34], en 2023.

La obligación se centró en aquellos clubes que participaran en competiciones estatales de carácter profesionales, ya que dichos campeonatos eran los que aglutinaban principalmente todo el flujo económico y financiero. De hecho, era, y lo sigue siendo en la actualidad, el Consejo Superior de Deportes

---

27.080, TOL152326), si bien su contenido se mantuvo a través de la Disposición Adicional 6ª.

33 Fue el 14 de marzo de 2022 cuando la Comisión Directiva del Consejo Superior de Deportes aprobó los estatutos constituyentes de la primera liga femenina de fútbol profesional en España y mediante la Resolución de 29 de diciembre de 2022, de la Presidencia del Consejo Superior de Deportes, por la que se publica la modificación de los Estatutos de la Real Federación Española de Fútbol (BOE núm. 17, de 20 de enero de 2023, páginas 8.515 a 8.522) modifica el artículo 47 e incorpora un segundo apartado que dispone lo siguiente:
"*La Liga Profesional de Fútbol Femenina es una asociación deportiva de carácter privado integrada exclusiva y obligatoriamente por los clubes o Sociedades Anónimas Deportivas de Primera División Femenina, en tanto en cuanto participan en la competición oficial femenina de carácter profesional y ámbito estatal.*
Tiene personalidad jurídica propia y goza de autonomía, para su organización interna y funcionamiento, respecto de la RFEF, de la que forma parte.
La Liga organizará su propia competición en coordinación con la RFEF.
Tal coordinación se instrumentará a través de convenio suscrito entre ambos organismos.".

34 Ha sido el 28 de junio de 2023 cuando el CSD ha aprobado, en la reunión de la Comisión Directiva, los estatutos de la Liga Plenitud ASOBAL, autorizando su inscripción como Liga Profesional en la sección I del Registro Estatal de Entidades Deportivas del CSD.

el que, entre sus competencias, tenía la potestad de calificar las competiciones como profesionales en base a los siguientes criterios: la existencia de vínculos laborales entre los clubes y los deportistas; y la dimensión económica de la propia competición (art. 46.2 de la Ley 10/1990, de 15 de octubre, del Deporte). Sin embargo, ante la vaguedad dispositiva de la Ley, la doctrina[35] ha barajado otros de carácter complementario que se pudieron utilizar, y que en la actual Ley del Deporte (Ley 39/2022, de 30 de diciembre, del Deporte) sí que los regula específicamente[36], como fueron los siguientes:

---

35 CAZORLA PRIETO, L. Mª, (2012). *Las Sociedades Anónimas Deportivas,* Editorial Ciencias Sociales, Madrid, 1990, páginas 57-59; RAMOS HERRANZ, I., *Sociedades Anónimas Deportivas. Régimen Jurídico actual,* Reus, páginas 28 y ss.

36 El artículo 83 de la nueva Ley del Deporte 39/2022, de 30 de diciembre, establece un catálogo muy específico que será necesario cumplir para que la competición se pueda considerar como profesional, y dispone lo siguiente:
"1. Son aquellas organizadas en el seno de una federación deportiva y consideradas como tales en función del grado de cumplimiento de los siguientes requisitos:
a) El volumen y la importancia social y económica de la competición. Para ello se atenderá a:
1.º La contribución a la promoción de medidas de inclusión e igualdad en el ámbito del deporte.
2.º La duración de la competición y número de acontecimientos de los que se compone.
3.º La existencia de estructuras profesionales dentro de las entidades participantes.
4.º El valor de mercado de la competición.
5.º La proyección internacional de la competición.
6.º La sostenibilidad económica de la competición.
b) La capacidad de explotación comercial de la misma. Para ello se atenderá a:
1.º La capacidad de venta autónoma de los derechos de explotación de la competición.

• Desde la perspectiva de los agentes intervinientes, se

2.º El valor de tales derechos y su capacidad de exportación internacional.
3.º La justificación de la necesidad de crear una liga profesional para la mejora de la capacidad económica de la competición.
c) La existencia de vínculos laborales generalizados. Para ello se valorará:
1.º La participación de forma regular de personas deportistas profesionales, salvo que carezcan de la edad mínima exigida para establecer relaciones laborales.
2.º La media de salarios o ingresos de las personas deportistas derivados de la participación en la competición.
3.º La existencia de estructuras laborales sólidas dentro de las entidades participantes.
4.º El régimen laboral y de ingresos de los entrenadores, árbitros y/o jueces de la competición.
d) La celebración de convenios colectivos en aquellas competiciones cuyos deportistas rijan su relación de acuerdo con lo previsto en el artículo 21.1 de esta ley. Concretamente, se observará:
1.º El tiempo de vigencia del convenio colectivo y tradición en la negociación colectiva.
2.º El grado de respeto y cumplimiento del convenio colectivo.
e) La tradición e implantación de la correspondiente competición. Para ello, se analizará:
1.º La afluencia de espectadores a los recintos deportivos.
2.º La media de espectadores a través de medios audiovisuales.
3.º Antigüedad de la competición.
4.º Nivel de crecimiento de la competición durante los años recientes.
f) La proyección a futuro de la competición. Para ello, se observará:
1.º Las ventajas y, en su caso, desventajas de la calificación de la competición como profesional de acuerdo con los requisitos anteriormente enunciados.
2.º La presentación al Consejo Superior de Deportes de un plan estratégico de desarrollo de la competición, no vinculante, por parte de las entidades deportivas, o las personas deportistas en caso de competiciones individuales, potencialmente participantes de la misma a medio y largo plazo.

exigía que los deportistas (si no todos, la mayoría) que participaran en la competición fueran profesionales, esto es, que la actividad deportiva fuera su principal medio de vida.

- Por otra parte, la competición debía tener la consideración de espectáculo, en el sentido de que debía conllevar la presencia de espectadores, así como la suscripción de contratos de publicidad y de patrocinio, que garantizaran ingresos financieros para el club.
- Se exigía que los clubes participantes contasen con una estructura financiera importante, lo que conllevaba la confección por profesionales de presupuestos económicos para hacer frente a todos los gastos.

En el caso de que pudiera parecer tardía la incursión del Derecho mercantil en el deporte profesional en España, más aún fue a nivel comunitario, ya que la Unión Europea careció

El Consejo Superior de Deportes, en el acto administrativo que resuelva sobre la calificación de una competición como profesional, deberá pronunciarse sobre la concurrencia de los requisitos previstos en este apartado; cuestión ésta sobre la que igualmente se pronunciará mediante informe previo no vinculante la federación o entidad deportiva española correspondiente.
2. Las competiciones profesionales son organizadas, en todo caso, por una liga profesional constituida al efecto.
Las ligas profesionales únicamente podrán ser organizadoras de una competición profesional. Igualmente, por acuerdo con la federación deportiva española correspondiente, podrán ser organizadoras de competiciones oficiales de la misma modalidad o especialidad deportiva en la que la participación esté restringida a la totalidad o a una parte de los miembros de dicha liga.
3. Podrá existir por cada sexo, una única competición profesional por modalidad o especialidad deportiva, excepto si la normativa de competición aprobada a tal efecto contempla la categoría mixta. Las distintas categorías o divisiones constituirán una única competición, si bien el acto de calificación valorará y determinará, de forma individualizada, aquellas que cumplen los requisitos establecidos para su consideración como profesionales.".

durante años de una política comunitaria del deporte, y no fue hasta el 2007 cuando, mediante el Tratado de Reforma de Lisboa[37], se materializó la inclusión del deporte como título competencial, después de un reconocimiento vasto jurisprudencial, por el Tribunal de Justicia de la Unión Europea, de que la actividad deportiva suponía una actividad económica[38]. Es su artículo 165 el que regula esta nueva competencia cuando manifiesta lo siguiente:

> *"1.- (...)*
>
> *La Unión contribuirá a fomentar los aspectos europeos del deporte, teniendo en cuenta sus características específicas, sus estructuras basadas en el voluntariado y su función social y educativa.*
>
> *2.- La acción de la Unión se encaminará a:*

---

37 Tratado de Funcionamiento de la Unión Europea, de 13 de diciembre de 2007, DOUE C-202, 7 de junio de 2016.

38 Eso en ningún caso quiere decir que la Unión Europea, a través de sus instituciones, no tratase cuestiones relativas al deporte, todo lo contrario. En la década de los 70 el Tribunal de Justicia de la Unión Europea comenzó a dirimir litigios en los que la normativa del deporte era objeto de análisis, siempre justificando su competencia en el argumento de que la actividad deportiva suponía una actividad económica y, por tanto, el Tribunal era competente para conocer del asunto. Son muy conocidos, por la transcendencia jurídica que tuvieron, casos tales como: Caso *Walrave* (STJCE del 12 de diciembre de 1974, C-36/74, B.N.O. *Walrave and L.J.N. Koch* v. *Association Union Cycliste Internationale, Koninklijke Nederlandsche Wielren Unie* and Federación Española de Ciclismo, ECLI:EU:C:1974:140); Caso *Donà Mantero* (STJCE de 14 de julio de 1976, C-13/76, *Gaetano Donà* y *Mario Mantero,* ECLI:EU:C:1976:115); Caso *Bosman* (STJCE de 15 de diciembre de 1995, C-415/93, *Union Royale belge des sociétés de football association ASBL* c. *Jean- Marc Bosman* y otros, ECLI:EU:C:1995:463, TOL9.936.094).

(...)

- desarrollar la dimensión europea del deporte, promoviendo la equidad y la apertura en las competiciones deportivas y la cooperación entre los organismos responsables del deporte, y protegiendo la integridad física y moral de los deportivas, especialmente los más jóvenes.".

2. TRANSFORMACIÓN OBLIGATORIA DE LOS CLUBES EN SOCIEDADES ANÓNIMAS DEPORTIVAS

2.1. Disposiciones legales que exigen la transformación

Fueron varias las disposiciones previstas en distintas normas las que establecieron la obligación objeto del presente análisis.

En lo que respecta a la Ley 10/1990 del Deporte, su propia exposición de motivos aclaraba que la Ley proponía un nuevo modelo de asociacionismo deportivo que perseguía, por un lado, favorecer el asociacionismo deportivo de base; y por otro, establecer un modelo de responsabilidad jurídica y económica para los clubes que desarrollaran actividades de carácter profesional. Lo primero se pretendía lograr mediante la creación de clubes deportivos elementales de constitución simplificada. Lo segundo, mediante la conversión de los clubes profesionales en Sociedades Anónimas Deportivas, o la creación de tales sociedades para los equipos profesionales de la modalidad deportiva que correspondiera, inspirada en el régimen general de las sociedades anónimas.

Por su parte, el ya mencionado artículo 19 de la referida Ley establecía que los clubes o sus equipos profesionales, que participaren en competiciones deportivas oficiales de carácter profesional y ámbito estatal, debían adoptar la forma de sociedad anónima deportiva, y que quedarían sometidas al régimen general de la sociedades anónimas, con las especificidades reguladas en la propia Ley de Deporte y en sus normas de desarrollo que se promulgaron con posterioridad (el Real Decreto 1084/1991, de 5 de julio, sobre Sociedades Anónimas Deportivas[39], que posteriormente fue derogada, excepto sus disposiciones transitorias, y sustituida por el Real Decreto 1251/1999, de 16 de julio, sobre Sociedades Anónimas Deportivas[40]).

Por otro lado, la Disposición Transitoria 1ª, en su párrafo primero, contemplaba que los clubes existentes a la fecha de promulgación de la norma, que participaran en competiciones oficiales de carácter profesional, debían transformarse en Sociedades Anónimas Deportivas. De no ser así, no podrían participar en competiciones de carácter profesional y ámbito estatal, quedando excluidos del Plan de Saneamiento. A este último respecto, se ha de recordar que la razón principal de que muchos clubes aceptaran (o, al menos, manifestaran una posición favorable acerca de la obligación de conversión que se estaba previendo en la elaboración de la Ley del Deporte) fue poderse acoger al Segundo Plan de Saneamiento, que por su relevancia se expondrá más adelante.

Por último, en lo que se refiere a la Ley del Deporte 10/1990, la Disposición Adicional 9ª disponía que aquellos clubes que, a la entrada en vigor de la Ley, contaran con secciones deportivas profesionales y no profesionales, podrían mantener su estructura jurídica para los equipos no profesionales, si bien para los profesionales debían ser adscritos y aportados sus recursos a una sociedad anónima deportiva de nueva creación.

Respecto de la norma específica que posteriormente se elaboró para desarrollar la regulación de la sociedad anónima de-

---

39 BOE núm. 168, de 15 de julio de 1991, páginas 23.468 a 23.472.

40 BOE núm. 170, de 17 de julio de 1999, páginas 27.070 a 27.080, TOL152.326.

portiva, esto es, el Real Decreto 1084/1991, de 5 de julio, sobre Sociedades Anónimas Deportivas[41], su artículo 1º y su Disposición Transitoria 1ª reprodujeron, casi literalmente, los preceptos ya comentados de la Ley de Deporte 10/1990, en relación a la obligatoriedad de conversión de los clubes en Sociedades Anónimas Deportivas, siempre que aquellos participaran en competiciones estatales de naturaleza profesional. Lo único reseñable, que incorporó el Real Decreto a este respecto, fue la señalización de la obligación de los clubes deportivos que ascendieran de categoría -de modo que obtuvieran el derecho a participar en competiciones profesionales de ámbito estatal-, a transformarse también en Sociedades Anónimas Deportivas (la norma que la derogó, con excepción de sus disposiciones transitorias, y sustituyó, esto es, el Real Decreto 1251/1999, de 16 de julio[42] mantuvo, en esta materia específica, el mismo contenido en su artículo 1º y su Disposición Adicional 5ª).

2.2. Segundo Plan de Saneamiento del Fútbol Profesional

Tal como se ha expuesto con anterioridad, muchos de los agentes deportivos profesionales se posicionaron a favor de la conversión y, por tanto, a favor de la primera aproximación mercantil de los clubes, porque conjuntamente con ese imperativo se disponía el acogimiento de un Plan de Saneamiento. En concreto, la Disposición Adicional 15ª de la Ley 10/1990, del Deporte preveía que para la consecución del fin de regularizar la situación económica de los clubes profesionales se elaboraría por el Consejo Superior de Deportes un Plan de Saneamiento que comprendería un convenio a suscribir entre el mencionado organismo y la Liga Nacional de Fútbol Profe-

---

41 BOE núm. 168, de 15 de julio de 1991, páginas 23.468 a 23.472.

42 BOE núm. 170, de 17 de julio de 1999, páginas 27.070 a 27.080, TOL152.326.

sional. Para su culminación era necesario que, previamente, los clubes deportivos hubieran suscrito con la Liga Nacional de Fútbol Profesional los correspondientes convenios particulares (Disposición Adicional 13ª).

Por tanto, se podría resumir que el Plan de Saneamiento constaba de dos fases: una previa, que consistía en los convenios particulares de cada uno de los clubes que debían transformarse en sociedad anónima deportiva con la LNFP (estos convenios serían de naturaleza privada); y una segunda fase, el propio Plan de Saneamiento, que estribaba en la firma de un acuerdo entre la LNFP y el Consejo Superior de Deportes (el carácter de este convenio sería administrativo).

Respecto al contenido de los convenios suscritos en la primera fase, la Liga Nacional de Fútbol Profesional se comprometía a asumir las deudas tributarias con el Estado derivadas de los tributos, de las obligaciones con la Seguridad Social o de los compromisos con el Banco Hipotecario de España (todos ellos devengados hasta el 31 de diciembre de 1989), con el objeto de posibilitar el proceso de transformación. Si bien en primer término, la asunción de la deuda se circunscribía a los clubes de fútbol que participaran en competiciones estatales de carácter profesional en las temporadas 1989/1990 y 1990/1991; también se incluyó en el Plan las deudas contraídas por otros clubes incluidos en el anterior Plan de Saneamiento de 1985, que no hubieran sido satisfechas a 31 de diciembre de 1989. Como contraprestación, los clubes, además de asumir la obligación de convertirse en Sociedades Anónimas Deportivas, debían asumir las siguientes obligaciones:

- Cumplir con las condiciones y recomendaciones que en materia económica les formulara la LNFP.
- Someterse a la verificación de sus cuentas anuales por las auditorías designadas por la LNFP, de acuerdo con los criterios establecidos conjuntamente con el CSD.

- Estar al corriente de sus obligaciones tributarias y relativas a la Seguridad Social.
- Abonar la cuota anual fijada por la LNFP establecida para poder participar en la competición.
- Establecer en las instalaciones deportivas un sistema de control de accesos y taquillas.
- Y someterse al régimen disciplinario de la LNFP.

Respecto al contenido del propio Plan de Saneamiento, que se suscribió el 18 de enero de 1991 y que preveía una vigencia hasta el año 2002, se debe manifestar que lo que pretendía era solventar la crisis económica del fútbol español[43], dando por concluida la vigencia del Plan del 1985. El nuevo Plan preveía que, para hacer frente a las deudas, el CSD aportara a la LNFP la cantidad equivalente al 7,5 % de la recaudación de las Apuestas Deportivas del Estado, garantizando un mínimo de 1.800.000.000 de pesetas (10.818.217,9 euros) por temporada. A esta medida se le añadieron las siguientes por no ser suficiente dicha aportación[44]:

- La cuota que la LNFP impusiera a sus clubes, para participar en competiciones, que en ningún caso podría ser inferior al 1 % de los ingresos obtenidos en concepto de cuotas de socios, abonados y taquillas.

---

43 A 31 de diciembre de 1989 la deuda del fútbol español ascendía a 26.000 millones de pesetas (más de 156 millones de euros), siendo 16.500 millones (99 millones de euros) de deuda pública y 9.500 millones (57 millones de euros) de deuda privada.

44 BERTOMEU ORTEU, J., (1992). "Las ligas profesionales y los clubes: marco de relaciones", en *Transformación de clubes de fútbol y baloncesto en Sociedades Anónimas Deportivas,* Civitas, páginas 254-258.

- La participación que le correspondería percibir directamente por la recaudación de las Apuestas Deportivas del Estado, equivalente al 1 % de la misma.
- Y los ingresos generados por las retransmisiones de las competiciones y por patrocinio genérico de estas.

Para completar el sistema de control previsto en el Plan, se previó la constitución de una Comisión Mixta de seguimiento del Convenio[45] para que controlara e hiciera el seguimiento del cumplimiento de las obligaciones de los acuerdos pactados.

2.3. Procedimiento inicial previsto para la conversión de los clubes deportivos en Sociedades Anónimas Deportivas

Como ya se ha expuesto anteriormente, fueron dos normas las que, de una parte, impusieron la obligación de la transformación de los clubes deportivos en Sociedades Anónimas Deportivas; de otra, regularon el complejo, aunque transitorio procedimiento de transformación; y de último, regularon su régimen jurídico; concretamente la Ley 10/1990, de 15 de octubre, del Deporte[46] y el Real Decreto 1084/1991, de 5 de julio, sobre Sociedades Anónimas Deportivas[47]. Sin embargo, es de señalar que en tanto en cuanto los clubes adquirieron naturaleza mercantil, tanto la entonces Ley de Sociedades Anó-

---

45 Esta Comisión Mixta de seguimiento estaría integrada por el Presidente y Secretario de la LNFP, dos representantes designados por ella, un representante de CSD, un representante del Ministerio de Economía y Hacienda y otro de la Tesorería General de la Seguridad Social y, por último, un representante del Banco Hipotecario.

46 BOE núm. 249, de 17 de octubre de 1990, páginas 30.397 a 30.411, TOL75.954.

47 BOE núm. 168, de 15 de julio de 1991, páginas 23.468 a 23.472.

nimas[48] como el Reglamento del Mercantil[49], vigente en ese momento, se convirtieron en normativa de aplicación en todo aquello que las nuevas normas específicas no regularan.

Para la cumplimentación del proceso de conversión, eran varias las formalidades que debían llevar a cabo los clubes deportivos: el acuerdo o toma de decisión por parte del club; notificación a la Comisión Mixta y autorización de la misma; la suscripción de las acciones en que se dividiera el capital social; y, finalmente, la constitución de la SAD.

2.3.a. Adopción de acuerdo de transformación o adscripción, en su caso

La Disposición Transitoria 2ª, en su apartado a) del Real Decreto1084/1991, de 5 de julio, sobre Sociedades Anónimas Deportivas, establecía que los clubes deportivos tenían, como plazo máximo, hasta el 30 de septiembre de 1991 para adoptar el acuerdo de transformarse en Sociedades Anónimas Deportivas y comunicarlo a la Comisión Mixta (de la cual se tratara más adelante en el presente trabajo). Asimismo, también previó el mismo plazo para aquellos clubes que, teniendo modalidades deportivas distintas dentro de su estructura organizativa, adscribieran un equipo profesional a una sociedad anónima deportiva de nueva creación.

La Ley nada expresó acerca de quiénes eran los competentes para la toma de dicha decisión, por lo que cada club depor-

---

48 Real Decreto Legislativo 1564/1989, de 22 de diciembre, por el que se aprueba el texto refundido de la Ley de Sociedades Anónimas. BOE núm. 310, de 27 de diciembre de 1989, páginas 40.012 a 40.034, TOL151.052.

49 Real Decreto 1597/1989, de 29 de diciembre, por el que se aprueba el Reglamento del Registro Mercantil, BOE núm. 313, de 30 de diciembre de 1989, páginas 40.407 a 40.438, TOL6.477.918.

tivo tuvo que analizar sus propios estatutos para aclarar dicho aspecto. En aquellos casos en los que los Estatutos no indicaran nada, fueron las asambleas generales extraordinarias el seno en el que se adoptaron tales decisiones.

Una vez adoptada la decisión de conversión, fueron las juntas directivas (apoderadas por la Ley) las designadas para llevar adelante todo el proceso; se convertirían en las representantes de los demás socios en el procedimiento de constitución de la sociedad anónima deportiva, adquiriendo un protagonismo fundamental en toda la transformación[50].

2.3.b. Notificación a la Comisión Mixta y su aprobación

La Ley del Deporte 10/1990[51] estableció que a los efectos de coordinar y supervisar el proceso de conversión se debía constituir una Comisión Mixta. Su composición vendría formada por personas designadas por el CSD y por la Liga Profesio-

---

50 Entre las competencias delegadas, por la propia Ley del Deporte 10/1990, a las juntas directivas se encontraban:
La recogida en la Disposición Transitoria 1ª, en su apartado 2 d), que establecía que las juntas directivas de cada club quedarían autorizadas para adaptar sus estatutos al régimen exigido para las Sociedades Anónimas Deportivas, o constituir una nueva, en el caso de adscripción de un equipo profesional.
La prevista en el sub-apartado e) de la anterior disposición citada, que concedía a la junta directiva el derecho a adoptar la decisión que estimara conveniente en cuanto a la forma se suscripción de acciones, de las que restasen por ser suscritas, una vez realizada la doble vuelta en la oferta.
O la regulada en el sub-apartado h) de la misma disposición, que una vez finalizado el proceso, sería la junta directiva la que convocante de la junta general de accionistas de la nueva sociedad anónima deportiva para que se eligieran los miembros del órgano de administración.

51 La Disposición Transitoria 1ª, en su apartado a).

nal correspondiente[52]. Con la finalidad de poder cumplir con el objetivo marcado por la Ley, a la Comisión Mixta se le dotó de las siguientes competencias:

- Recepcionar la notificación del acuerdo de conversión adoptado por los clubes, conjuntamente con el informe o memoria explicativa de las características de la propuesta de transformación (Disp. Trans. 2ª a) del R.D. 1084/1991, sobre SAD).
- Encargar la realización de una auditoría patrimonial de los mencionados clubes (Disp. Trans. 1ª, 2 b) de la Ley 10/1990, sobre Deporte).
- Indicar el capital social mínimo de cada Sociedad Anónima, una vez analizados los informes recibidos, así como las auditorías requeridas (Disp. Trans. 1ª, 2 c) de la Ley 10/1990, sobre Deporte)[53].

---

52 La Disposición Adicional Sexta del Real Decreto 1084/1991, sobre Sociedades Anónimas Deportivas (BOE núm. 168, de 15 de julio de 1991, páginas 23.468 a 23.472) dispone lo siguiente:
"*1. La composición de la Comisión Mixta a que se refiere la disposición transitoria primera 2, de la Ley del Deporte, para la modalidad deportiva de fútbol, es la siguiente:*
Un Presidente designado por el Consejo Superior de Deportes.
Tres Vocales designados por el Consejo Superior de Deportes.
Tres Vocales designados por la Liga Nacional de Fútbol Profesional.
2. La composición de la citada Comisión Mixta, para la modalidad deportiva de baloncesto, será la misma que para la modalidad deportiva de fútbol que se expresa en el punto anterior, entendiéndose que la referencia a la Liga Profesional lo es a la Asociación de Clubes de Baloncesto.
3. Ambas Comisiones incluirán entre sus miembros, con voz pero sin voto, un representante del Instituto de Contabilidad y Auditorias de Cuentas y una persona designada por la Dirección General del Servicio Jurídico del Estado. (…).".

53 Según LÓPEZ, S., (1992). "Procedimiento de conversión de los Clubes deportivos en Sociedades Anónimas Deportivas", en *Transformación de clubes de fútbol y Baloncesto en Sociedades Anónimas Deportivas,*

Civitas, pág. 119 y ss., los capitales mínimos definitivos establecidos para las Sociedades Anónimas Deportivas que se transformaron en ese momento fueron los siguientes:
Modalidad de fútbol (1ª División): C.D. Tenerife, 369.963.000 pesetas (2.223.522,41 €); Sevilla F.C., 631.420.000 pesetas (3.794.910,63 €); Valencia C.F., 694.196.000 pesetas (4.172.201,99 €); Albacete Balompié, 108.509.000 pesetas (652.152,22 €); Real Sporting Gijón, 588.114.000 pesetas (3.534.636,33 €); Real Sociedad 506.120.000 pesetas (3.042.842,46 €); C.D. Logroñés 492.695.000 pesetas (2.961.156,59 €); Cádiz, C.F. 395.520.000 pesetas (2.377.123,08 €); Real Zaragoza, C.F., 539.101.000 pesetas (3.240.062,26 €); Real Oviedo, 553.585.000 pesetas (3.317.112,86 €); Atlético de Madrid, 2.060.309.000 pesetas (12.382.706,47 €); Real Valladolid Deportivo, 643.328.000 pesetas (3.866.479,15 €); R. Burgos C.F., 433.347.000 pesetas (2.604.467,92 €); C.D. Mallorca 648.989.000 pesetas (3.900.502,45 €); R.C.D. Español, 681.021.000 pesetas (4.093.018,64 €); y R.C. Deportivo de la Coruña 378.028.000 pesetas (2.271.994,04 €).
Modalidad de fútbol (2ª División): U.D. Las Palmas, 658.348.000 pesetas (3.956.751,17 €); Racing Santander, 492.152.000 pesetas (2.957.893,09 €); C.D. Castellón, 221.701.000 pesetas (1.332.449,85 €); S.D. Éibar, 65.792.000 pesetas (395.417,88 €); Sestao S.C., 69.946.000 pesetas (420.383,92 €); R. Avilés Industrial, 55.125.000 pesetas (331.307,92 €); S.D. Compostela, 87.065.000 pesetas (523.271,18 €); Sabadell C.F., 220.307.000 pesetas (1.324.071,74 €); Mérida C.P., 87.065.000 pesetas (523.271,18 €); Real Celta de Vigo, 574.017.000 pesetas (3.449.911,65 €); U.E. Lleída, 126.866.000 pesetas (762.480,01 €); Real Murcia C.F., 934.183.000 pesetas (5.614.552,91 €); U.E. Figueres 231.968.000 pesetas (1.394.155,76 €); Palamós C.F., 170.687.000 pesetas (1.025.849,53 €); A.D. Rayo Vallecano, 665.622.000 pesetas (4.000.468,79 €); C.D. Málaga, 643.993.000 pesetas (3.870.475,88 €); y Real Betis Balompié, 1.174.242.000 pesetas (705.733,65 €).
Modalidad de baloncesto: Club Joventud Badalona, 145.052.000 pesetas (871.780,07 €); Valladolid C.B., 134.257.000 pesetas (806.900,821 €); Peñas Recreativas, 94.615.000 pesetas (568.647,6 €); Manresa E.B., 156.260.000 pesetas (939.141,51 €); Valencia Basket Club., 100.229.000 pesetas (602.388,42 €); C.B. Juver Murcia,

Fue el artículo 3 del Real Decreto 1084/1991 el que reguló los parámetros establecidos para el cálculo del capital social mínimo de cada sociedad anónima deportiva. En ningún caso, dicha cifra podría ser inferior a la establecida en la Ley de Sociedades Anónimas vigente en el momento[54].

Según el mencionado precepto, en el caso de aquellas Sociedades Anónimas Deportivas, que ya participaran en competiciones estatales de carácter profesional en la modalidad deportiva del fútbol, el capital social mínimo sería el 50 % de la media de los gastos realizados por el club en los últimos tres ejercicios (incluidos las amortizaciones) y constatados en los informes contables y auditorías realizadas al efecto. A dicha

79.189.000 pesetas (475.935,47 €); C.B. Lliria, 37.317.000 pesetas (224.279,68 €); C.B. Zaragoza, 110.201.000 pesetas (662.321,35 €); C.B. León, 77.654.000 pesetas (466.709,94€); Claret C.B., 149.844.000 pesetas (900.580,57 €); C.B. Breogán, 73.332.000 pesetas (440.734,19 €); C.B. Girona, 146.813.000 pesetas (882.363,9 €); Club Estudiantes, 85.540.000 pesetas (514.105,75 €); C.D.B. Sevilla, 135.521.000 pesetas (814.497,61 €); C.B. Unicaja Ronda, 92.388.000 pesetas (555.263,06 €); C.B. Martistas, 72.045.000 pesetas (432.999,17€); Granollers E.B., 232.862.000 pesetas (1.399.528,81 €); C.D. Basconia, 109.964.000 pesetas (660.896,95 €); C.B. Oximesa, 169.785.000 pesetas (1.020.428,4 €); y C. Baloncesto O.A.R., 208.183.000 pesetas (1.251.205,03 €).

54 El artículo 4 de la Real Decreto Legislativo 1564/1989, de 22 de diciembre, por el que se aprueba el texto refundido de la Ley de Sociedades Anónimas (BOE núm. 310, de 27 de diciembre de 1989, páginas 40.012 a 40.034, TOL151.052) establecía que el capital social no podría ser inferior a 10.000.000 de pesetas (60.101,21 €). En la actualidad es una norma derogada y ha sido sustituida por el Real Decreto Legislativo 1/2010, de 2 de julio, por el que se aprueba el texto refundido de la Ley de Sociedades de Capital (BOE núm. 161, de 3 de julio de 2010, páginas 58472 a 58.594, TOL1.880.028), cuyo artículo 4.2. establece que el capital social de la sociedad anónima no podrá ser inferior a 60.000€.

cifra se deberían añadir los saldos patrimoniales negativos del ejercicio a 30 de junio de 1991[55].

En el caso de que fueran Sociedades Anónimas Deportivas que participaran, por primera vez, en las competiciones oficiales de carácter profesional, la cifra del capital social sería igual al 25 % de la media de los gastos realizados (incluyendo amortizaciones), por todos los clubes que concurrieran en las citadas competiciones, según los datos proporcionados por la LNFP, referentes a la anterior temporada.

En el caso de las competiciones oficiales de carácter profesional, en la modalidad de baloncesto, el cálculo del capital social mínimo se obtendría de la suma del 35 % de la media de los gastos realizados en los últimos tres ejercicios (incluidos las amortizaciones), y de los saldos económicos negativos acumulados que se desprendieran de los informes y auditorías presentadas[56]. En el caso de clubes que participaran por primera vez en el mencionado campeonato, al igual que ocurría en la modalidad de fútbol, el capital mínimo se obtendrá del cómputo del 25 % de la media de los gastos realizados (incluyendo amortizaciones), por todos los clubes que compitieran en la citada competición, según los datos proporcionados por la Asociación de Clubes de Baloncesto (ACB).

---

55 Recordar que como consecuencia del segundo Plan de Saneamiento todos los saldos patrimoniales negativos de los clubes deportivos hasta el 31 de diciembre de 1989 fueron asumidos por la LNFP como premisa previa para la conversión en SAD, por lo que dichos saldos no se tomaron en consideración a la hora de calcular la cifra del capital mínimo.

56 A diferencia de la modalidad del fútbol, los clubes que participaban en las competiciones oficiales de carácter profesional en la modalidad de baloncesto no pudieron acogerse a ningún Plan de Saneamiento.

Incluso, el precepto previó que nuevas competiciones se pudieran reconocer como profesionales. En dicho caso se establecía que los criterios para la fijación del capital social mínimo serían los mismos que los estipulados para las modalidades de fútbol y baloncesto; si bien dejaba a criterio de la Comisión Directiva del Consejo Superior de Deportes el establecimiento de los porcentajes de la media de gasto realizado, que oscilaría entre el 30 % y el 70 %.

Y, por último, la última de las competencias delegadas a la Comisión Mixta era la de emitir, en su caso, el informe favorable, como requisito previo, de todo proceso de transformación (Disp. Trans. 1ª, 2 a) de la Ley 10/1990, sobre Deporte). La naturaleza jurídica de dicha decisión sería de carácter administrativo, ya que el propio Real Decreto 1084/1991, en su Disposición Adicional 6ª apartado 4º, era el que establecía que:

> *"Las Comisiones Mixtas ajustarán su funcionamiento a las normas que sobre los órganos colegiados se contienen en la vigente Ley de Procedimiento Administrativo."*

De lo que se desprende que dicha decisión, según la redacción original de la norma, podría ser recurrida en alzada frente al Secretario de Estado para el Deporte[57], para después poder acudir al recurso contencioso-administrativo.

2.3.c. La suscripción de las acciones en que se divide el capital social

Una vez obtenido el informe favorable de la Comisión Mixta, indicando el capital social mínimo y los plazos previstos para la futura constitución, la sociedad deportiva estaba autorizada para comenzar el proceso de constitución de la socie-

---

57 En la actualidad se interpone frente al Presidente con Consejo Superior de Deportes.

dad anónima deportiva. Según el artículo 4º del Real Decreto 1084/1991, estas se podrían constituir en un solo acto por convenio entre los fundadores, o en forma sucesiva por suscripción pública. Esta disposición en nada diferiría de la entonces vigente Ley de Sociedades Anónimas[58], en su artículo 13; evidenciando, de nuevo, la mercantilización de todo el proceso iniciado con la aprobación de la Ley del Deporte.

Como paso previo a la suscripción de las acciones, la junta directiva debía confeccionar un informe de transformación o de adscripción (según la opción adoptada), en el que se debía hacer constar los siguientes datos y documentos: la identificación del club; la identificación de cada miembro de la junta directiva; las condiciones, plazos y lugar de suscripción de las acciones; indicación del lugar en donde los futuros posibles accionistas pudieran revisar toda la documentación; el modelo de boletín de suscripción, número de acciones que le correspondería a cada socio; los informes de auditoría de las temporadas 1988/89, 1989/90 y 1990/91; los estatutos sociales; y los certificados de los acuerdos adoptados por la asamblea y/o la junta directiva relativos al proceso de creación de la SAD. Este informe de transformación debía ser remitido y depositado en la Comisión Mixta.

Una vez redactado el informe, la junta directiva debía ofrecer las acciones en las que se había dividido el capital social a los socios del club, de modo que cada uno de ellos pudiera suscribir igual número de acciones. Si, en el plazo de 30 días, no se hubiesen suscrito todas las acciones, estas deberían ser ofrecidas, nuevamente, a los socios que ya hubiesen suscrito en la primera opción, en las mismas condiciones de igualdad

---

[58] Real Decreto Legislativo 1567/1989, de 22 de diciembre, por el que se aprueba el texto refundido de la Ley de Sociedades Anónimas. BOE núm. 310, de 27 de diciembre de 1989, páginas 40.012 a 40.034.

durante el plazo de 30 días. Si dentro de este segundo plazo de 30 días se suscribiesen todas las acciones se daría por completada la suscripción (fundación simultánea) y podría continuar el proceso de constitución mediante el otorgamiento de escritura pública, que se analizará a continuación. Por el contrario, si transcurrido dicho plazo, quedaran acciones por suscribir se procedería a la oferta pública de las mismas (fundación sucesiva), siendo la junta directiva la competente para decidir sobre la forma de suscripción, fórmula que ya vendría prevista en los estatutos, aunque la Ley exigía que se recabara la opción de los socios[59].

A este respecto, es interesante resaltar que en lo que se refiere a quiénes podían ser accionistas de una SAD, la redacción original de la Ley del Deporte fue extremadamente limitante[60], ya que según lo establecido en sus artículos 22.1 y 22.2:

> *"1. Solo podrán ser accionistas de las SAD las personas físicas de nacionalidad española, las personas jurídicas públicas, las Cajas de Ahorro y Entidades españolas de naturaleza y fines análoga, y las personas jurídicas privadas de nacionalidad española, o sociedades en cuyo capital la participación extranje-*

---

59 Disposición Transitoria 3ª del Real Decreto 1084/1991, de 5 de julio, sobre Sociedades Anónimas Deportivas, BOE núm. 168, de 15 de julio 1991, páginas 23.468 a 23.472; y Disposición Transitoria 1ª, apartado 2º, sub apartado e) de la Ley 10/1990, de 15 de octubre, del Deporte, BOE núm. 249, de 17 de octubre de 1990, páginas 30.397 a 30.411, TOL22.598.

60 El Real Decreto 1084/1991, de 15 de julio, sobre Sociedades Anónimas Deportivas, en su artículo 9, prácticamente reprodujo literalmente lo regulado en el Ley del Deporte, por lo que continuó la senda restrictiva impuesta por esta. Sin embargo, es de señalar que la Ley del Deporte no se manifestó respecto de la nacionalidad que debían poseer los titulares de las acciones, como así lo hizo el Real Decreto, imponiendo, en su texto original, que fuera la española la nacionalidad de las personas físicas y jurídicas titulares de las acciones.

ra no sobrepase el veinticinco por ciento, y cuyos miembros, en razón de las normas por las que se rigen, estén totalmente identificados.

2. Ninguna persona física o jurídica de las señaladas en el apartado anterior podrá poseer acciones en proporción superior al uno por ciento del capital, de forma simultánea, en dos o más Sociedades Anónimas Deportivas que participen en la misma competición.(…) [61].

3. Aquellas personas físicas sujetas a una relación de dependencia con una Sociedad Anónima Deportiva, ya sea en virtud de un vínculo laboral, profesional o de cualquier otra índole, no podrán poseer acciones de otra sociedad que participe en la misma competición que excedan de la proporción prevista en el apartado anterior. (…)[62]".

La obligatoriedad de que los accionistas fueran de nacionalidad española fue muy criticada; no solo porque se entendía que dicha medida obstaculizaba las inversiones extranjeras, perfectamente admitidas y reguladas en el ordenamiento jurídico español; sino porque, además, eran contrarias al Derecho comunitario, por imposibilitar el ejercicio de unos de los

---

61 Asimismo, para evitar que la prohibición o limitación establecida en el artículo 22.2 de la Ley del Deporte fuera obviada a través de mecanismos mercantiles fraudulentos, el mismo precepto afinó más en las definiciones y manifestó que para calcular el límite del 1 % del capital social, de forma simultánea en dos o más Sociedades Anónimas Deportivas, se computarían las acciones poseídas directamente no solo del titular sino también las acciones poseídas por otras personas o entidades que constituyeran con el titular una unidad de decisión.

62 En este supuesto el titular debería enajenar, en el plazo de tres meses, la cantidad necesaria de acciones al objeto de respetar el límite establecido.

pilares de la normativa, como era el principio de libertad de movimientos[63].

Por último, para completar el análisis de quiénes estaban autorizados para ser accionistas, se debe indicar que en el caso de aquellos clubes que tuvieran secciones deportivas profesionales y no profesionales, a la entrada en vigor de la Ley, la sociedad deportiva que en su seno constituyera la sociedad anónima deportiva de nueva creación –que mantendría su estructura jurídica asociativa-, únicamente, podría ser titular del 10 % de las acciones de la sociedad mercantil de nueva creación[64].

En el caso de que en los plazos previstos por la junta directiva no se hubiera conseguido la suscripción total de al menos el capital mínimo establecido por la Comisión Mixta, el club perdería el derecho de participar en competiciones oficiales estatales de carácter profesional[65].

Las acciones debían ser nominativas, de la misma clase e igual valor; según el Real Decreto regulador de las SAD, el valor nominal de las mismas, en ningún caso, podría ser superior

---

63 REQUEIJO PASCUA, A., (1992). "El nuevo régimen jurídico de accionistas y administradores en las Sociedades Anónimas Deportivas", en *Transformación de clubes de fútbol y baloncesto en Sociedades Anónimas Deportivas,* Civitas, páginas 144 y 145.

64 Disposición Transitoria 3ª, apartado 3º, del Real Decreto 1084/1991, de 5 de julio, sobre Sociedades Anónimas Deportivas, BOE núm. 168, de 15 de julio 1991, páginas 23.468 a 23.472; y Disposición Adicional 9ª de la Ley 10/1990, de 15 de octubre, del Deporte, BOE núm. 249, de 17 de octubre de 1990, páginas 30.397 a 30.411, TOL22.598.

65 Disposición Transitoria 3ª, apartado 4º del Real Decreto 1084/1991, de 5 de julio, sobre Sociedades Anónimas Deportivas, BOE núm. 168, de 15 de julio 1991, páginas 23.468 a 23.472; y Disposición Transitoria 1ª, apartado e), de la Ley 10/1990, de 15 de octubre, del Deporte, BOE núm. 249, de 17 de octubre de 1990, páginas 30.397 a 30.411, TOL22.598.

a 10.000 pesetas (60,10 €)[66]. La normativa al efecto[67] exigía que los accionistas desembolsaran totalmente el valor de las acciones suscritas mediante aportaciones dinerarias.

Esta última imposición legal, esto es, la obligación de que en las conversiones a Sociedades Anónimas Deportivas las aportaciones que debían hacer los socios fueran mediante aportaciones dinerarias, ha sido, a lo largo de los años, criticada por varios autores. La base argumental de dicha crítica estribaba en que como consecuencia de esta obligación se imposibilitaba que los socios de los clubes deportivos que, antes de su transformación, hubieran prestado activos al club deportivo (esto es, se hubieran convertido en acreedores del club deportivo) no pudieran saldar sus créditos mediante la suscripción oportuna de las acciones equivalentes; dicho de otra manera, compensar sus créditos suscribiendo acciones de la SAD[68].

---

66 Artículo 6 del Real Decreto 1084/1991, de 5 de julio, sobre Sociedades Anónimas Deportivas, BOE núm. 168, de 15 de julio 1991, páginas 23.468 a 23.472.

67 Artículo 6 del Real Decreto 1084/1991, de 5 de julio, sobre Sociedades Anónimas Deportivas, BOE núm. 168, de 15 de julio 1991, páginas 23.468 a 23.472; y artículo 21.2 de la Ley 10/1990, de 15 de octubre, del Deporte, BOE núm. 249, de 17 de octubre de 1990, páginas 30.397 a 30.411, TOL22.598.

68 GALLEGO LARRUBIA, J., (2018). "Transformación voluntaria, capital social y compensación de créditos en las Sociedades Anónimas Deportivas", *Revista Aranzadi Doctrinal* (6); GUTIÉRREZ GILSANZ, A., (2001). "La conversión de los clubes deportivos en Sociedades Anónimas Deportivas", *Revista de Derecho de Sociedades* (17), página 186; FRADEJAS RUEDA, O. Mª, (1997). "La sociedad anónima deportiva", *Revista de Derecho de Sociedades* (9), página 217; y RAMOS HERRANZ, I., (2012). *Sociedades Anónimas Deportivas. Régimen jurídico actual.* Reus, página 55.

2.3.d. Constitución de la Sociedad Anónima Deportiva

Una vez suscritas las acciones en las que se hubiera dividido el capital social de la sociedad, era el momento de formalizar la propia constitución mediante el otorgamiento de la escritura pública frente al notario, que con posterioridad debería ser inscrita en el Registro de Asociaciones Deportivas y en el Registro Mercantil de la provincia donde estuviera sito el domicilio de la sociedad[69].

Según la normativa específica al efecto, y ya tantas veces mencionada a lo largo del presente trabajo, la junta directiva del club era la competente, por ministerio de la Ley, para representar a todos los suscriptores de las acciones y, por tanto, para proceder a otorgar la escritura de constitución necesaria para continuar con el proceso de conversión[70].

Respecto al contenido de la escritura pública, la normativa de Sociedades Anónimas Deportivas[71] determinó, que además de recoger las expresiones obligatorias reguladas en la actualmente derogada Ley de Sociedades Anónimas[72] (lo que no es

---

69 Artículo 4 del Real Decreto 1084/1991, de 5 de julio, sobre Sociedades Anónimas Deportivas, BOE núm. 168, de 15 de julio 1991, páginas 23.468 a 23.472.

70 Disposición adicional 4ª y Disposición Transitoria 1ª, apartado 2, sub apartado f) del Real Decreto 1084/1991, de 5 de julio, sobre Sociedades Anónimas Deportivas (BOE núm. 168, de 15 de julio 1991, páginas 23.468 a 23.472) y de la Ley 10/1990, de 15 de octubre, del Deporte (BOE núm. 249, de 17 de octubre de 1990, páginas 30.397 a 30.411, TOL22.598), respectivamente.

71 Artículo 4 del Real Decreto 1084/1991, de 5 de julio, sobre Sociedades Anónimas Deportivas, BOE núm. 168, de 15 de julio 1991, páginas 23.468 a 23.472.

72 El artículo 8º del Real Decreto Legislativo 1564/1989, de 22 de diciembre, por el que se aprueba el texto refundido de la Ley de Sociedades Anónimas (BOE núm. 310, de 27 de diciembre de 1989, páginas 40.012 a 40.034, TOL151.052) decía lo siguiente:

otra muestra más de la intención del legislador de introducir aspectos fundamentales del Derecho mercantil en el Derecho deportivo), debería prever los siguientes extremos:

a. La identificación de los socios fundadores que podrían ser tanto personas físicas como jurídicas.

b. La aportación de cada socio, indicando su título y el número de acciones recibidas en pago.

c. La denominación de la sociedad anónima deportiva que, para los prevenientes de la transformación de clubes o de la adscripción del equipo profesional del mismo, sería la misma que estos ostentaban, añadiéndole la expresión "Sociedad Anónima Deportiva".

d. Se podrían, además, incluir en la escritura todos los pactos lícitos y condiciones especiales que los fundadores juzgasen convenientes establecer, siempre que no se opusieron a lo dispuesto en la Ley del Deporte y legislación general sobre sociedades anónimas.

"*En la escritura de constitución de la Sociedad se expresarán:*
a) Los nombres, apellidos y edad de los otorgantes, si éstos fueran personas físicas, o la denominación o razón social si son personas jurídicas y, en ambos casos, la nacionalidad y el domicilio.
b) La voluntad de los otorgantes de fundar una Sociedad Anónima.
c) El metálico, los bienes o derechos que cada socio aporte o obligue a aportar. indicando el título en que lo haga y el número de acciones atribuidas en pago.
d) La cuantía total, al menos aproximada, de los gastos (constitución, tanto de los ya satisfechos como de los meramente previstos hasta que aquélla quede constituida.
e) Los Estatutos que han de regir el funcionamiento de la Sociedad.
f) Los nombres, apellidos y edad de las personas que se encarguen inicialmente de la administración y representación social, si fueran personas físicas, o su denominación social si fueran personas jurídicas y, en ambos casos, su nacionalidad y domicilio, así como las mismas, circunstancias, en su caso, de los auditores de cuentas de la Sociedad.".

Una vez formalizada la escritura pública de constitución, esta debía ser inscrita en el Registro de Asociaciones Deportivas y en la federación correspondiente. Para ello, la junta directiva debía presentar la instancia de solicitud de inscripción, junto con la copia autorizada de la escritura, ante la Comisión Directiva del Consejo Superior de Deportes[73], siendo esta la competente para autorizar o no su inscripción en el Registro de Asociaciones Deportivas. A los efectos de proceder a la mencionada inscripción, la Disposición Transitoria 3ª, apartado 5º de la Ley de Sociedades Anónimas Deportivas[74] estableció como fecha límite, para la conversión inicial impuesta por esta, el 30 de junio de 1992.

Una vez inscrita en el Registro a Asociaciones Deportivas, este expediría la certificación oportuna que daría paso al último acto necesario para finalizar y consolidar el procedimiento de conversión a SAD, que sería la inscripción en el Registro Mercantil de la provincia donde estuviera fijado el domicilio social. Finalmente, una vez obtenida la inscripción, en el caso de una SAD proveniente de la transformación de un club deportivo, conservaría su personalidad jurídica bajo la nueva forma societaria; mientras que en el caso de la SAD de nueva creación, con la inscripción en el Registro Mercantil adquiriría la personalidad jurídica necesaria para actuar en el mercado[75].

---

73 Artículos 5 y 15 del Real Decreto 1084/1991, de 5 de julio, sobre Sociedades Anónimas Deportivas (BOE núm. 168, de 15 de julio 1991, páginas 23.468 a 23.472) y de la Ley 10/1990, de 15 de octubre, del Deporte (BOE núm. 249, de 17 de octubre de 1990, páginas 30.397 a 30.411, TOL22.598), respectivamente.

74 Real Decreto 1084/1991, de 5 de julio, sobre Sociedades Anónimas Deportivas, BOE núm. 168, de 15 de julio 1991, páginas 23.468 a 23.472.

75 Artículos 4 y 20.1 del Real Decreto 1084/1991, de 5 de julio, sobre Sociedades Anónimas Deportivas (BOE núm. 168, de 15 de julio 1991, páginas 23.468 a 23.472) y de la Ley 10/1990, de 15 de octu-

2.4. *Procedimiento actual previsto para la conversión de los clubes deportivos en Sociedades Anónimas Deportivas*

Hasta este momento se ha procedido a analizar el régimen jurídico inicial que se aplicó una vez se aprobaron la Ley 10/1990, de 15 de octubre, del Deporte[76] y el Real Decreto 1084/1991, de 5 de julio, sobre Sociedades Anónimas Deportivas[77].

Durante los 30 años que distan entre aquellas primeras normas (que obligaron al deporte profesional a mercantilizarse forzosamente, mediante la implantación de la obligación de conversión de las sociedades deportivas a SAD) y las vigentes en la actualidad, han habido modificaciones normativas muy relevantes, siendo en el presente, el Real Decreto 1251/1999, de 16 de julio, sobre Sociedades Anónimas Deportivas[78] y la Ley 39/2022, de 30 de diciembre, del Deporte[79], la regulación vigente.

Respecto a las novedades introducidas por el nuevo Real Decreto regulador de las SAD, en relación a la conversión, establece que se deberá acudir a lo establecido en la Disposición Adicional 8ª, que exige que cualquier club deportivo, que participando en competiciones oficiales de ámbito estatal decida su transformación en SAD, deberá dirigir un escrito a la Comisión Mixta solicitando la fijación del capital mínimo. A dicho escrito, en el que se recogerá la cifra de saldo patrimonial

---

bre, del Deporte (BOE núm. 249, de 17 de octubre de 1990, páginas 30.397 a 30.411, TOL22.598), respectivamente.

76 BOE núm. 249, de 17 de octubre de 1990, páginas 30.397 a 30.411, TOL22.598.

77 BOE núm. 168, de 15 de julio 1991, páginas 23.468 a 23.472.

78 BOE núm. 170, de 17 de julio de 1999, páginas 27.070 a 27.080, TOL152.326.

79 BOE núm. 314, de 31 de diciembre de 2022, páginas 193.306 a 193.397, TOL9.339.416.

neto que el club estima en función del informe de auditoría, se le deberá acompañar los siguientes documentos: las cuentas anuales y el informe de auditoría; la certificación del acuerdo de transformación; y la memoria del proceso de transformación que se pretende realizar. Respecto al hecho de solicitar la fijación del capital mínimo, no ha variado respecto de la normativa inicial que se aprobó en 1990 y 1991; lo que es completamente distinto, y es por ello que se trae a colación, es el nuevo procedimiento de cálculo de dicho capital social.

Según la normativa vigente (art. 3 de la actual Ley de SAD), el capital social mínimo se fijará mediante la adición de 2 sumandos:

- El primero se determinará calculando el 25 % de la media de los gastos realizados (incluidas las amortizaciones), por los clubes y SAD que hubieran participado en la penúltima temporada finalizada en las competiciones profesionales en la modalidad de fútbol masculino y baloncesto (para la obtención de dicho sumando se excluyen las 2 entidades con mayor gasto y las 2 con menor gasto). En el caso de la competición profesional de fútbol femenino, la Comisión Directiva del CSD, en su acuerdo de 15 de junio de 2021, fijó en el 15 % dicho porcentaje, siendo esta una potestad conferida a la mencionada Comisión, por el artículo 3.4 de la propia Ley[80], para los casos de que se profesionalicen nuevas compe-

---

80 El artículo 3.4 del Real Decreto 1251/1999, de 16 de julio, sobre Sociedades Anónimas Deportivas, para la competición profesional de fútbol femenino (BOE núm. 170, de 17 de julio de 1999, página 27.070 a 27.080, TOL152.326) establece lo siguiente:
"*Los mismos criterios establecidos en los apartados anteriores serán de aplicación a aquellas otras modalidades deportivas y en aquellas competiciones profesionales que en el futuro puedan ser reconocidas y calificadas por la Comisión Directiva del Consejo Superior de Deportes, la cual, para la fijación de los correspondientes capitales sociales mínimos, podrá alterar el porcentaje*

ticiones oficiales[81]. Estos datos se tomarán de las cuentas auditadas y remitidas al Consejo Superior de Deportes y se harán públicos por este anualmente[82].

- El segundo sumado se determinará en función de los saldos patrimoniales netos negativos que, en su caso, arroje el balance (verificado por el informe de auditoría entregado al efecto).

---

sobre la media de gastos realizados, fijándolo entre un 15 % y un 50 % de los mismos.".

81 A la competición profesional de balonmano masculina aún, dado su reciente reconocimiento, no se le ha fijado porcentaje alguno.

82 Las últimas resoluciones de la Presidencia del Consejo Superior de Deportes que se han publicado han sido las tres siguientes:
La primera de ellas, es la Resolución de 13 de mayo de 2024, de la Presidencia del Consejo Superior de Deportes, por la que se publica la cifra a la que hace referencia el artículo 3.2.a) del Real Decreto 1251/1999, sobre Sociedades Anónimas Deportivas, para la competición profesional de fútbol masculino (BOE núm. 123, de 21 de mayo de 2024, página 57.980). Esta establece que el cómputo del 25 % de media de los gastos establecido asciende, para la competición profesional de fútbol masculino, a la cantidad de 5.253.851,81 €.
La segunda, es la Resolución de 6 de mayo de 2024, de la Presidencia del Consejo Superior de Deportes, por la que se publica la cifra a la que hace referencia el artículo 3.2.a) del Real Decreto 1251/1999, sobre Sociedades Anónimas Deportivas, para la competición profesional de baloncesto (BOE núm. 119, de 16 de mayo de 2024, página 56.439). Esta establece que el cómputo del 25 % de media de los gastos establecido asciende, para la competición profesional de baloncesto masculino, a la cantidad de 2.271.387,17€.
Y, por último, la tercera, es la Resolución de 29 de mayo de 2024, de la Presidencia del Consejo Superior de Deportes, por la que se publica la cifra a la que hace referencia el artículo 3.2.a) del Real Decreto 1251/1999, sobre Sociedades Anónimas Deportivas, para la competición profesional de fútbol femenino (BOE núm. 137, de 6 de junio de 2024, página 66.110). Esta establece que el cómputo del 15 % de media de los gastos establecido asciende, para la competición profesional de fútbol femenino, a la cantidad de 349.437,07 €.

Cuando el primer sumando sea inferior al segundo, el capital mínimo se fijará en el duplo del segundo.

Tal como se ha avanzado, será la Comisión Mixta la que, en un plazo de tres meses, fije el capital mínimo. En el caso de que nada se notifique en dicho plazo, se entenderá que el capital mínimo fijado será:

- En el caso de que el patrimonio neto del club fuera negativo, será la suma de dicho saldo patrimonial neto negativo y del sumando obtenido del cálculo del 25 % (o 15 % en el caso de la modalidad de fútbol femenino) de la media de los gastos realizados por los clubes, y que se ha expuesto *at supra.*
- En el caso de que el patrimonio neto del club sea positivo, el capital mínimo será la suma de 60.101,21 € más el sumando obtenido del cálculo del 25 % (o 15 % en el caso de la modalidad de fútbol femenino) de la media de los gastos realizados por los clubes.

Otras de las novedades incorporadas por las posteriores normas respecto al procedimiento de transformación en SAD, proviene de las disposiciones relativas al desembolso y representación del capital social. A este respecto, el artículo 6 de la vigente Ley de SAD[83], mantiene la obligación de que el capital social deba desembolsarse totalmente y mediante aportaciones dinerarias. Pero respecto a cómo estarán representadas dichas acciones, este precepto permite que estas sean representadas por medio de títulos o por anotaciones en cuenta, siendo esta última forma la exigida en el supuesto de que las acciones de

---

83 El que las SAD puedan solicitar la admisión a negociación de sus acciones en las Bolsas de Valores es una de las novedades introducidas por el Real Decreto 1251/1999, sobre Sociedades Anónimas Deportivas que será objeto de análisis en posteriores capítulos del presente trabajo.

dicha SAD sean admitidas a negociación en alguna Bolsa de Valores. Por último, se eliminan todas las limitaciones, por razón de la nacionalidad de los accionistas, que estableció la versión original de la Ley del Deporte 10/1990, de 15 de octubre, del deporte, a través de su artículo 22. Sin embargo, se mantiene la regulación especial que recae sobre los accionistas que ostenten participaciones significativas de la SAD, así como sobre las limitaciones a determinadas adquisiciones de acciones. El análisis de ambos aspectos será abordado en el siguiente capítulo, donde se procederá a exponer el actual régimen jurídico de las Sociedades Anónimas Deportivas.

En lo relativo a las novedades introducidas por la nueva Ley del Deporte[84] a este respecto, esto es, respecto al régimen jurídico del procedimiento de la conversión en SAD, el mayor cambio ha sido el operado dentro del modelo organizativo de las competiciones oficiales estatales de carácter profesional. Desde la aprobación de la Ley, deja de existir la obligación de los clubes, que participen en las competiciones oficiales de carácter profesional, de tener la forma jurídica de sociedad anónima deportiva[85]. La Ley, en su Preámbulo, reconoce que la obligación de transformación se adoptó, por la anterior Ley del Deporte (Ley 10/1990), como medida para terminar con la insolvencia de los clubes. Pero con el transcurso del tiempo, se ha evidenciado que dicho modelo ha sido totalmente ineficaz (sobre todo, en la modalidad deportiva del fútbol), ya

---

84 Ley 39/2022, de 30 de diciembre, del Deporte (BOE núm. 314, de 31 de diciembre de 2022, páginas 193.306 a 193.397, TOL9.339.416).

85 El artículo 94 de la Ley 39/2022, de 30 de diciembre, del Deporte (BOE núm. 314, de 31 de diciembre de 2022, páginas 193.306 a 193.397, TOL9.339.416) establece lo siguiente:
"*La participación en competiciones profesionales podrá realizarse a través de Sociedades Anónimas Deportivas o clubes deportivos de acuerdo con lo previsto en el artículo 63, siempre que estén regularmente constituidos e inscritos en el registro deportivo correspondiente.*".

que no ha sido hasta que han intervenido otros factores (que nada tienen que ver con la estructura jurídica de los clubes participantes en la competición profesional), tales como, el establecimiento de controles internos financieros por parte de las Ligas, o la comercialización de los derecho de explotación de contenidos audiovisuales de las competiciones profesionales, cuando se ha logrado obtener dicho equilibrio financiero.

Eso no quiere decir, en absoluto, que de ahora en adelante las sociedades deportivas no puedan o deban convertirse en SAD, sino que dicha conversión será potestativa para los clubes. Aquellos que quieran convertirse podrán hacerlo (artículo 69 de la actual Ley del Deporte[86]), quedando estos sujetos al régimen general de las sociedades de capital, con las particularidades que se contienen en la nueva Ley del Deporte[87], en el Real Decreto 1251/1999, de 16 de julio, sobre Sociedades Anónimas Deportivas[88], así como en otras normativas mercantiles que sean de aplicación.

---

86 Ley 39/2022, de 30 de diciembre, del Deporte (BOE núm. 314, de 31 de diciembre de 2022, páginas 193.306 a 193.397, TOL9.339.416).

87 Ley 39/2022, de 30 de diciembre, del Deporte (BOE núm. 314, de 31 de diciembre de 2022, páginas 193.306 a 193.397, TOL9.339.416)

88 BOE núm. 170, de 17 de julio de 1999, páginas 27.070 a 27.080, TOL152.326.

Capítulo III

El régimen jurídico de las Sociedades Anónimas Deportivas

1. INTRODUCCIÓN

En el capítulo anterior ya se ha abordado el cambio que ha operado, respecto a la presencia de las SAD en las competiciones estatales de carácter profesional. La modificación que ha introducido la nueva Ley del Deporte[89], se centra en dejar de exigir a los clubes deportivos que participen en dicha competición que tengan la forma de Sociedad Anónima Deportiva. A modo de recordatorio, es el artículo 94 de la mencionada Ley la que introduce el relevante cambio, concretamente establece lo siguiente:

> *"La participación en competiciones profesionales podrá realizarse a través de Sociedades Anónimas Deportivas o clubes deportivos de acuerdo con lo previsto en el artículo 63, siembre que estén regularmente constituidos e inscritos en el registro deportivo correspondiente.".*

Como bien aclara la norma, esta permite, a partir de la aprobación de la misma, que tanto las SAD (de naturaleza mercantil) como los clubes deportivos (de naturaleza civil) puedan participar en las competiciones profesionales deportivas; por lo que es evidente, que la forma mercantil de la SAD permanecerá como pilar fundamental dentro de la estructura

---

89 Ley 39/2022, de 30 de diciembre, del Deporte. BOE núm. 314, de 31 de diciembre de 2022, páginas 193.306 a 193.397, TOL9.339.416.

del deporte profesional, si bien la Ley ha abierto a la competición profesional la posibilidad de que participen las sociedades deportivas.

Siendo, por tanto, la SAD la estructura mayoritaria en el deporte profesional, es perentoria la necesitada de acometer un análisis exhaustivo de la normativa relativa a las SAD. Para ello, se procederá a diseccionar el Real Decreto 1251/1999, de 16 de julio, sobre Sociedades Anónimas Deportivas[90], bajo el prisma interpretativo de la actual Ley del Deporte[91].

2. PROCESO DE CONSTITUCIÓN DE LAS SOCIEDADES ANÓNIMAS DEPORTIVAS

2.1. Nociones generales

Actualmente, las SAD pueden tener dos posibles orígenes, a saber: por una parte, pueden constituirse como consecuencia de una conversión, esta vez voluntaria[92], de una sociedad

---

90 A este respecto se ha de señalar que la Disposición Derogatoria única del Real Decreto referido deroga el Real Decreto 1084/1991, de 5 de julio, de Sociedades Anónimas Deportivas, si bien indica que se mantienen en vigor sus las Disposiciones transitorias.

91 Ley 39/2022, de 30 de diciembre, del Deporte. BOE núm. 314, de 31 de diciembre de 2022, páginas 193.306 a 193.397, TOL9.339.416.

92 Disposición adicional 8ª del Real Decreto 1251/1999, de 16 de julio, sobre Sociedades Anónimas Deportivas (BOE núm. 170, de 17 de julio de 1999, páginas 27.070 a 27.080, TOL152.326) establece lo siguiente:
"*1. Cuando un club deportivo que participe en competiciones oficiales de ámbito estatal decida su transformación en sociedad anónima deportiva, sin que ésta venga determinada por el acceso a una competición oficial de carácter profesional de ámbito estatal, deberá recabar el informe de la corres-*

deportiva en SAD; y por otra, pueden ser constituidas *ex novo*, como cualquier otra sociedad, siempre que se cumplan con las especialidades previstas por la normativa deportiva. La diferencia fundamental entre ambas modalidades será que, en el primer procedimiento, el de conversión, será necesario llevar a cabo una fase previa[93] donde se materializará el acuerdo de transformación a SAD adoptado por la asamblea general del club deportivo y se deberá obtener la autorización de la Comi-

---

pondiente Comisión Mixta, adjuntando la documentación a que se refiere el apartado 5 del artículo 3 de este Real Decreto.
2. La Comisión Mixta deberá emitir su informe y notificarlo en el plazo de tres meses. Si la Comisión Mixta no notifica su informe en dicho plazo, se entenderá que éste es en sentido favorable en la cifra de capital social propuesta por el club.
El proceso de transformación, que se realizará con sujeción a las reglas establecidas para el proceso de transformación obligatoria, deberá concluirse en el plazo de nueve meses desde la notificación del informe de la Comisión Mixta.
La Comisión Mixta únicamente podrá emitir informe desfavorable cuando el proyecto de transformación incumpla alguno de los requisitos establecidos para estos procesos o cuando la documentación presentada no permita calcular con un margen de seguridad razonable el saldo patrimonial neto del club que presenta la solicitud.
3. En los supuestos en los que clubes deportivos que no participen en competiciones oficiales de ámbito estatal decidan su transformación en Sociedades Anónimas Deportivas, el informe previsto en la presente disposición adicional será emitido por el órgano competente de la Comunidad Autónoma en la que radique dicho club.
La documentación que deberán acompañar a la solicitud de informe, así como los efectos del mismo, serán los mismos que los previstos para los clubes que participen en competiciones oficiales de ámbito estatal.
4. Las referencias a las funciones de tutela, control y supervisión de las ligas profesionales sobre las Sociedades Anónimas Deportivas contenidas en el presente Real Decreto, no serán de aplicación para aquellas que no participen en competiciones profesionales.".

93 Por respeto al lector y con la intención de no ser reiterativo, en todo lo que respecta al régimen jurídico de transformación se remite a lo expuesto en el anterior Capítulo II de la presente obra.

sión Mixta de Transformación[94], siempre que el club participe en una competición profesional[95]. A partir de ese momento, ambos procesos seguirán el mismo procedimiento, con la única distinción de que, en caso de transformación, será la junta directiva la que promoverá el procedimiento, mientras que en el caso de constitución *ex novo* de la SAD, este rol lo ejecutarán bien los fundadores o promotores[96].

Las SAD, al igual que ocurre con las sociedades anónimas ordinarias, podrán constituirse de forma simultánea, en un solo acto por convenio entre sus fundadores, o de forma suce-

---

94 Esta institución, que está adscrita a la Presidencia del Consejo Superior de Deportes, viene regulada en la Disposición Adicional 7ª del Real Decreto 1251/1999, de 16 de julio, sobre Sociedades Anónimas Deportivas (BOE núm. 170, de 17 de julio de 1999, páginas 27.070 a 27.080, TOL152.326), e incluye modificaciones respecto a aquella regulada por la norma de 1991: por una parte, respecto de su composición, se amplía la composición de sus miembros, incorporando a la misma un vocal designado por el CSD a propuesta de la Real Federación Española de Fútbol o Baloncesto, en cada caso, y un vocal designado por el CSD a propuesta de la Asociación de Deportistas Profesionales más representativa en cada modalidad deportiva; y por otra, que siendo la decisiones adoptadas por éstas de naturaleza administrativa, supeditada al procedimiento administrativo común, estas no ponen fin a la vía administrativa y podrán ser recurridas en alzada ante el Presidente del CSD.

95 En el caso de que el club que desee transformarse en SAD no compita en ningún campeonato profesional la autorización será emitida por el órgano competente de la Comunidad Autónoma en la que radique dicho club.

96 CAZORLA GONZÁLEZ-SERRANO, L., (2017). "Las Sociedades Anónimas Deportivas", en PALOMAR OLMEDA, A. (dir.) y TEROL GÓMEZ, R. (coord.): *Derecho del Deporte Profesional,* Thomson Reuters Aranzadi, página 136.

siva por suscripción pública de las acciones[97]. En su denominación social se incluirá, indefectiblemente, la abreviatura SAD.

2.2. Objeto social

La SAD es una sociedad de naturaleza mercantil dado que adopta la estructura de la sociedad anónima, si bien se le ha dotado de una serie de particularidades atendiendo a la especialidad del propio deporte profesional. De hecho, el artículo 2 de la Ley de Sociedades Capitalistas[98] establece que las sociedades de capital, cualquiera que sea su objeto, tendrán carácter mercantil.

En este sentido, el objeto social de la SAD es una de las notas diferenciadoras frente al tipo general, ya que mientras que en la sociedad anónima ordinaria existe la plena libertad a la hora de determinar su objeto social, siempre que este sea lícito, posible y determinado, en la SAD el objeto social está limitado por la propia Ley. Se exige que el objeto social de la SAD sea la participación en competiciones deportivas de carácter profesional (sin que puedan mantener más de un equipo en la misma categoría de la competición)[99] y, en su caso, la promoción y el desarrollo de actividades deportivas; en ambos casos, siempre referidas a una única modalidad o especialidad

---

97 Artículos 4.1 del Real Decreto 1251/1999, de 16 de julio, sobre sociedades anónimas, BOE núm. 170, de 17 de julio de 1999, páginas 27.070 a 27.080, TOL152.326.

98 Real Decreto Legislativo 1/2010, de 2 de julio, por el que se aprueba el texto refundido de la Ley de Sociedades de Capital. BOE núm. 161, de 3 de julio de 2010, páginas 58.472 a 58.594, TOL1.880.028.

99 Artículo 64 de la Ley 39/2022, de 30 de diciembre, del Deporte. BOE núm. 314, de 31 de diciembre de 2022, páginas 193.306 a 193.397, TOL9.339.416.

deportiva[100]. Siendo tan limitado el objeto social de las SAD, algunos autores[101] han puesto en duda el carácter mercantil de su objeto social, alegando que cumpliendo con la regulación establecida en la Ley de Sociedades de Capital, estas sociedades serían mercantiles por la forma, con independencia de cuál fuera su objeto social. Según esta doctrina, el objeto social de las SAD no perseguiría la obtención de un lucro, en tanto en cuanto la práctica y promoción del deporte establecida en su objeto social no es más que el cumplimiento del mandato constitucional[102], que se les exige a las Administraciones Públicas y que estas delegan, entre otras, en las ligas profesionales.

Actualmente, se puede manifestar que esta corriente doctrinal está absolutamente superada[103] y que, si bien la Ley mantiene el mismo contenido limitado y específico del objeto social de las SAD, son varios los argumentos que se pueden ofrecer para poner de relieve el ánimo de lucro que tienen estas, como son: el hecho de que participen en competiciones profesionales que se han convertido en la máxima representación de un

---

100 Artículos 1 y 69 del Real Decreto 1251/1999, de 16 de julio, sobre Sociedades Anónimas (BOE núm. 170, de 17 de julio de 1999, páginas 27.070 a 27.080, TOL152.326) y de Ley 39/2022, de 30 de diciembre, del Deporte (BOE núm. 314, de 31 de diciembre de 2022, páginas 193.306 a 193.397, TOL9.339.416), respectivamente.

101 SELVA SÁNCHEZ, L. M., (1992). *Sociedades Anónimas Deportivas*, Colegio de Registradores de la Propiedad y Mercantiles de España: Centro de Estudios Registrales, pág. 109; y TEJEDOR BIELSA, J. C., (1993). Acerca del derecho de asociación deportiva y su tutela jurisdiccional, *Revista de Derecho Deportivo* (2), página 234.

102 Artículo 43.3 de la Constitución española (BOE núm. 311, de 29 de diciembre de 1978, páginas 29.313 a 29.424, TOL173.304) dice lo siguiente:
"*Los poderes públicos fomentarán la educación sanitaria, la educación física y el deporte. Asimismo, facilitarán la adecuada utilización del ocio.*".

103 RAMOS HERRANZ, I., (2012). *Sociedades Anónimas Deportivas. Régimen jurídico actual*, Reus, páginas 69 y ss.

espectáculo donde los ingresos por la explotación audiovisuales alcanzan cantidades millonarias; la posibilidad de que sus acciones coticen en Bolsa[104]; o el reparto de dividendos en caso de beneficios económicos[105].

2.3. Capital social mínimo

Respecto al capital social mínimo de las SAD que participen en competiciones profesionales, el artículo 70 de la nueva Ley del Deporte establece que los criterios para la fijación del mismo se fijarán reglamentariamente, sin que pueda ser inferior al establecido en la normativa mercantil para las sociedades anónimas, esto es, 60.000 €[106]. El desarrollo de la fijación del capital social mínimo lo regula el artículo 3 del Real Decreto 1251/1999, de 16 de julio, sobre Sociedades Anónimas, cues-

---

104 En España, por el momento, ninguna SAD perteneciente a ninguna competición profesional ha optado por cotizar en Bolsa. Este tema será abordado más adelante en el presente trabajo.

105 A este respecto, se debe señalar que no es muy frecuente que las SAD repartan dividendos entre sus accionistas, en todo caso, es una operación que quedará bajo el control del Consejo Superior de Deportes. A modo de ejemplo, el Sevilla Fútbol Club, SAD, acordó el reparto de dividendos en la junta general de accionistas celebrada el 4 de diciembre de 2020.
No obstante, es curioso a este respecto, que el artículo 348 bis, en su apartado 5º del Real Decreto Legislativo 1/2020, de 2 de julio, por el que se aprueba el texto refundido de la Ley de Sociedades de Capital, cuando regula el régimen del derecho a la separación que tienen los accionistas cuando la sociedad no distribuya dividendos, excluya de este régimen a las SAD, impidiendo ejercitar a sus accionistas ese derecho.

106 Artículo 4.2 del Real Decreto Legislativo 1/2010, de 2 de julio, por el que se aprueba el texto refundido de la Ley de Sociedades de Capital. BOE núm. 161, de 3 de julio de 2010, páginas 58.472 a 58.594, TOL1.880.028.

ción que se ha abordado anteriormente, y que, por no resultar redundante en la exposición, se procederá a sintetizar en lo posible, remitiendo al lector, en lo que se refiere a los criterios de fijación del capital social mínimo, al Capítulo II de la presente obra.

El capital social mínimo se fijará mediante la adición de dos sumandos[107]:

1. El 25 %, en el caso de las competiciones profesionales en las modalidades de fútbol masculina y baloncesto, y el 15 %, en el caso de la competición profesional en la modalidad de fútbol femenina, de la media de los gastos realizados (incluidas amortizaciones) por los clubes y SAD, participantes en la penúltima temporada cerrada[108].

2. Los saldos patrimoniales netos negativos que arroje el balance incorporado a las cuentas anuales.

Cuando el primer sumando sea inferior al segundo, el capital social mínimo se fijará en el duplo del segundo.

---

[107] Artículo 3 del Real Decreto 1251/1999, de 16 de julio, sobre Sociedades Anónimas, BOE núm. 170, de 17 de julio de 1999, páginas 27.070 a 27.080, TOL152.326.

[108] Para el cálculo de dicho quedarán excluidas las 2 entidades con mayor gasto y las 2 con menor gasto. Los datos se tomarán de los datos y documentación remitida al CSD. Las últimas cuantías del primer sumando aprobadas por la Presidencia del CSD en distintas resoluciones publicadas en el BOE son las siguientes:
Competición profesional de fútbol masculino, 5.253.851,81 €.
Competición profesional de baloncesto, 2.271.387,17 €.
Competición profesional de fútbol femenino, 349.437,07 €.
A pesar de que el 28 de junio el CSD aprobó los estatutos de la Liga profesional de balonmano, todavía no ha resuelto acerca del cálculo de este primer sumando.

2.4. Suscripción de acciones

El capital mínimo de las SAD deberá desembolsarse totalmente y, siempre, mediante aportaciones dinerarias[109]. Esta exigencia responde a otra de las notas diferenciadoras respecto de la regulación de las sociedades ordinarias, ya que, según la Ley de Sociedades Capitalistas, las acciones en que se divida el capital de la sociedad anónima deberán estar íntegramente suscritas por los socios, y desembolsado, al menos, en una cuarta parte su valor nominal, mediante aportaciones de bienes o derechos patrimoniales susceptibles de valoración económica, excluyéndose el trabajo y los servicios[110].

No obstante, en lo relativo al capital social que excediera del mínimo establecido, existen autores[111] que han interpretado que al exigirse el desembolso íntegro mediante aportaciones dinerarias respecto del capital social mínimo, respecto de lo que exceda del mismo, el desembolso y la naturaleza de las aportaciones podrán regirse por la normativa general mercantil.

---

109 Artículos 6.1 y 70.2 del Real Decreto 1251/1999, de 16 de julio, sobre Sociedades Anónimas Deportivas (BOE núm. 170, de 17 de julio de 1999, páginas 27.070 a 27.080, TOL152.326) y de la Ley 39/2022, de 30 de diciembre, del Deporte (BOE núm. 314, de 31 de diciembre de 2022, páginas 193.306 a 193.397, TOL9.339.416), respectivamente.

110 Artículos 58 y 79 del Real Decreto Legislativo 1/2010, de 2 de julio, por el que se aprueba el texto refundido de la Ley de Sociedades de Capital. BOE núm. 161, de 3 de julio de 2010, páginas 58.472 a 58.594, TOL1.880.028.

111 GONZÁLEZ-ESPEJO GARCÍA, P., (2023). "La nueva Ley del Deporte: breves apuntes sobre el régimen de las entidades deportivas que participen en competiciones profesionales", *Revista Aranzadi de Derecho de Deporte y Entretenimiento* (79).

El capital de las SAD estará representado por acciones nominativas, que podrán ser por medio de títulos o por anotaciones en cuenta (en caso de ser admitidas a negociación en alguna Bolsa de Valores[112], deberán estar representadas por medio de anotaciones en cuenta)[113]. En relación a este aspecto, vuelve a establecerse una nota diferenciadora entre las SAD y las sociedades anónimas ordinarias, ya que estas últimas cuando estén representadas por títulos podrán ser también al portador[114], posibilidad que no permite la normativa de las SAD.

Respecto a la suscripción de las acciones, se debe distinguir entre las SAD de nueva creación de aquellas SAD que provengan de una transformación o adscripción de una sociedad deportiva.

---

112 La posibilidad de que las acciones de las SAD puedan solicitar la admisión a negociaciones de sus acciones en las Bolsas de Valores fue una innovación incorporada por la Ley 50/1998, de 30 de diciembre, de Medidas Fiscales, Administrativas y del Orden Social que introdujo modificaciones en la entonces vigente Ley del Deporte, si bien fue con posterioridad en el Real Decreto 1251/1999, de 16 de julio, sobre Sociedades Anónimas Deportivas, cuando se reguló más extensamente. Hasta la fecha, ninguna SAD perteneciente a ninguna liga profesional, esto es, participante de ninguna competición profesional, ha solicitado tal admisión; únicamente, el Club de Fútbol Intercity, SAD, que milita en la categoría no profesional Primera Federación, cotiza en el *BME Growth*. Este recurso viene regulado en el artículo 9 y Disposición Adicional 10ª del Real Decreto 1251/1999, de 16 de julio, sobre Sociedades Anónimas Deportivas y artículo 72 de Ley 39/2022, de 30 de diciembre, de Deporte.

113 Artículo 6.2 del Real Decreto 1251/1999, de 16 de julio, sobre Sociedades Anónimas Deportivas, BOE núm. 170, de 17 de julio de 1999, páginas 27.070 a 27.080, TOL152.326.

114 Artículo 113 del Real Decreto Legislativo 1/2010, de 2 de julio, por el que se aprueba el texto refundido de la Ley de Sociedades de Capital. BOE núm. 161, de 3 de julio de 2010, páginas 58.472 a 58.594, TOL1.880.028.

Respecto de las primeras, se seguirán las disposiciones comunes de la legislación mercantil. Son respecto de las segundas, esto es, aquellas cuyo origen sea una sociedad deportiva, cuando se deberá acudir a las Disposiciones Transitorias, concretamente la 3ª, del Real Decreto 1084/1991, de 5 de julio, sobre Sociedades Anónimas Deportivas[115], que es la normativa vigente a este respecto. Este apartado ya ha sido debidamente analizado en el capítulo anterior, por lo que, en aras de no resultar iterativo el análisis, se procederá a exponer un resumen de todo lo expuesto con anterioridad.

Según su normativa específica, la junta directiva, que actuará como promotora de la fundación de la SAD, deberá ofrecer las acciones en que se divida el capital a los socios del club, de modo que cada uno de ellos tendrá el derecho de suscribir igual número de acciones. Si en el plazo de 30 días no se suscribiesen todas las acciones, estas se ofrecerían nuevamente a los socios que ya hubiesen suscrito en la primera oferta, en las mismas condiciones de igualdad y durante otro plazo de 30 días. Si dentro de este plazo se suscribiesen todas las acciones se procederá al otorgamiento de la escritura pública ante notario y las posteriores inscripciones de los distintos registros. Siendo este el procedimiento, se estaría hablando de una fundación simultánea.

Si transcurrido el plazo de la segunda oferta a los socios, quedasen acciones sin suscribir, la junta directiva, decidiría sobre la forma de suscripción de las mismas; forma que debería estar prevista en los estatutos y siempre recabando la opinión de los socios. En este caso se estará hablando de un procedimiento de fundación sucesiva.

A la hora de suscribir acciones de una SAD, en principio, no existe más control y/o limitación de la que se deriva de las

---

[115] BOE núm. 168, de 15 de julio de 1991, páginas 23.468 a 23.472.

obligaciones que impone la regulación por razón de ostentar una participación significativa en una SAD[116]. Por la importancia que tiene la cuestión, se desarrollará en profundidad, más adelante en el presente capítulo.

2.5. Estatutos sociales y escritura de constitución

Los estatutos sociales son el documento interno, resultado del acuerdo de los socios fundadores de la sociedad, donde se recopilan todas las obligaciones y los derechos de los socios, así como regulan las normas por las que se rige el funcionamiento de la sociedad.

La escritura pública, por su parte, es el documento público otorgado por los socios y autorizado por el notario, donde aquellos formalizan el contrato de sociedad necesario para la constitución de la sociedad. En el caso de una sociedad *ex novo,* serán los fundadores, presentes o representados, los que formalizarán dicho contrato de sociedad ante notario; mientras que si la SAD es consecuencia de una transformación o adscripción será la junta directiva la que, en representación de los socios de la sociedad deportiva, suscribirá el acuerdo de sociedad ante el fedatario público.

Según el artículo 8 del Real Decreto 1251/1999, de 16 de julio, sobre Sociedades Anónimas Deportivas[117], además de las especialidades relativas a las SAD, que más adelante se expresarán, deberán recoger las expresiones obligatorias menciona-

---

116 CAZORLA GONZÁLEZ-SERRANO, L. y BLEIN CUADRILLERO, A., (2017). "Las Sociedades Anónimas Deportivas", en PALOMAR OLMEDA, A. (dir.) y TEROL GÓMEZ, R. (coord.): *Derecho del Deporte Profesional,* Thomson Reuters Aranzadi, páginas 144 y ss.

117 BOE núm. 170, de 17 de julio de 1999, páginas 27.070 a 27.080, TOL152.326.

das en la legislación de la normativa mercantil respecto de las sociedades anónimas.

Respecto al contenido de los estatutos sociales, la Ley de Sociedades de Capital[118], en su artículo 23, expresa que en estos deberán constar los siguientes extremos: la denominación de la sociedad; el objeto social; el capital social, las acciones en que se divida (si están representadas en títulos o en anotaciones en cuenta), su valor nominal y su numeración correlativa; el modo de organizar la administración de la sociedad; y el modo de deliberar y adoptar los acuerdos los órganos colegiados de la sociedad.

En relación al contenido del contrato de sociedad que se recogerá en la escritura de constitución, el artículo 22 de la referida Ley de Sociedades de Capital[119] dispone que, entre otros, deberá recoger las siguientes menciones: la identidad de los socios y su voluntad de constituir la sociedad de capital; las aportaciones de cada socio y las acciones atribuidas a cambio; los estatutos sociales (se unirán como documento anexo a la misma); la identidad de las personas que se encarguen de la administración y de la representación de la sociedad; y la cuantía total prevista de los gastos de constitución.

Acometiendo las especialidades adicionadas por la normativa específica de las SAD, anteriormente señalada, tanto los estatutos como la escritura de constitución deberán contener los siguientes extremos: la denominación de la sociedad anónima deportiva añadiéndoles la expresión de "sociedad anónima deportiva" (en el caso de que esta sea proveniente de la trans-

---

118 Real Decreto Legislativo 1/2010, de 2 de julio, por el que se aprueba el texto refundido de la Ley de Sociedades de Capital. BOE núm. 161, de 3 de julio de 2010, páginas 58.472 a 58.594, TOL1.880.028.

119 Real Decreto Legislativo 1/2010, de 2 de julio, por el que se aprueba el texto refundido de la Ley de Sociedades de Capital. BOE núm. 161, de 3 de julio de 2010, páginas 58.472 a 58.594, TOL1.880.028.

formación de clubes o de la adscripción del equipo profesional de mismo, será la misma que estos ostentaban); la fecha de cierre del ejercicio social, que necesariamente se fijará de conformidad con el calendario establecido por la liga profesional correspondiente que, salvo que establezca otra cosa, será el 30 de junio de cada año; y los posibles pactos que los fundadores estimen convenientes, siempre que estas no contravinieran lo dispuesto en la Ley de Deporte y/o la legislación general relativa a las sociedades anónimas.

Una vez otorgada la escritura pública, esta deberá ser inscrita en el Registro Estatal de Entidades Deportivas[120] y afiliarse a la federación deportiva correspondiente, así como a la liga

---

[120] El artículo 40 de la Ley 39/2022, de 30 de diciembre, de Deporte, BOE núm. 314, de 31 de diciembre de 2022, páginas 193.306 a 193.397, TOL9.339.416 define al Registro Estatal de Entidades Deportivas como:
"*1. En el Consejo Superior de Deportes existirá un Registro Estatal de Entidades Deportivas en el que se inscribirán las federaciones deportivas españolas, las ligas profesionales, sus normas estatutarias y reglamentarias, las personas que ostenten la presidencia y los titulares de los demás órganos directivos, la confederación recogida en la disposición adicional sexta, sus estatutos, las entidades que participen en la competición profesional, los entes de promoción deportiva previstos en la disposición transitoria primera y aquellas otras entidades que reglamentariamente se determinen y que desarrollen una actividad en el ámbito deportivo contemplada en esta ley.*
2. La inscripción de la entidad deportiva produce su reconocimiento oficial a efectos de esta ley y lleva consigo la correspondiente reserva de denominación. Asimismo, establece la protección de sus símbolos y emblemas frente a usos ilegítimos por parte de terceras personas y el reconocimiento de los beneficios que la normativa vigente le otorgue a aquella, sin perjuicio de lo establecido en la Ley 17/2001, de 7 de diciembre, de Marcas, y disposiciones concordantes.
3. Mediante acuerdo de la Conferencia Sectorial de Deporte se podrá establecer un sistema para la comunicación de datos e informaciones en relación con las entidades inscritas en los registros autonómicos en los términos que admita la legislación vigente en materia de protección de datos personales.

profesional[121]. Una vez se produzca dicha inscripción, la escritura pública, con sus documentos adjuntos (entre ellos, la certificación de inscripción del Registro Estatal de Entidades Deportivas), deberá ser inscrita en el Registro Mercantil de la provincia donde esté domiciliada la SAD[122].

3. REGULACIÓN JURÍDICA DE LA PARTICIPACIÓN DE LOS SOCIOS EN LA SOCIEDAD ANÓNIMA DEPORTIVA

Una de las novedades introducidas con la aprobación del Real Decreto 1251/1999, de 16 de julio, sobre Sociedades Anónimas Deportivas[123] fue el régimen de control sobre el accionariado de las SAD. Concretamente, mediante la regulación de dos medidas: por una parte, el régimen de participaciones

---

4. El registro de entidades de base asociativa y el registro de signos distintivos como marca o nombre comercial de la Oficina Española de Patentes y Marcas, deberán respetar lo previsto en este artículo, de tal forma que las solicitudes de inscripción sean rechazadas o desestimadas por producirse eventuales conflictos reales o potenciales con entidades deportivas que figuren inscritas en el Registro Estatal de Entidades Deportivas, y muy especialmente, con federaciones deportivas españolas. El Consejo Superior de Deportes, a través del Registro Estatal de Entidades Deportivas, de oficio o a instancia de la entidad afectada, procederá a instar a los mencionados registros administrativos la inadmisión de solicitudes que pudieran contravenir lo dispuesto en este artículo de la ley.".

121 Artículo 65 de la Ley 39/2022, de 30 de diciembre, de Deporte, BOE núm. 314, de 31 de diciembre de 2022, páginas 193.306 a 193.397, TOL9.339.416.

122 Artículo 3.7 del Real Decreto 1251/1999, de 16 de julio, sobre Sociedades Anónimas Deportivas, BOE núm. 170, de 17 de julio de 1999, páginas 27.070 a 27.080, TOL152.326.

123 BOE núm. 170, de 17 de julio de 1999, páginas 27.070 a 27.080, TOL152.326.

significativas; y por otra, las limitaciones impuestas a la adquisición de las acciones.

El Preámbulo del Real Decreto mencionado ya anticipa que dicho régimen se asimila al existente en otros sectores económicos como entidades de crédito, entidades aseguradoras, etc. De hecho, para constatar y hacer efectivo dicho control, la Ley atribuye competencias al CSD para que este examine el libro de registros de acciones nominativas y para la inscripción de las participaciones significativas en el registro correspondiente[124].

---

[124] Artículo 18 del Real Decreto 1251/1999, de 16 de julio, sobre Sociedades Anónimas Deportivas (BOE núm. 170, de 17 de julio de 1999, páginas 27.070 a 27.080, TOL152.326), establece lo siguiente:
"*1. Las Sociedades Anónimas Deportivas, cualquiera que sea la forma de su fundación, remitirán semestralmente al Consejo Superior de Deportes y a la Liga Profesional una certificación global de los movimientos registrados en su libro registro de acciones nominativas, con indicación del número de acciones que han sido objeto de transmisión o gravamen e identificación de sus transmitentes y adquirentes.*
2. En el caso de que las acciones estén representadas por medio de anotaciones en cuenta, las Sociedades Anónimas Deportivas recabarán semestralmente de las entidades encargadas de la llevanza de los correspondientes registros la información a que se refiere el apartado anterior para su inmediata remisión al Consejo Superior de Deportes. Las mencionadas entidades estarán obligadas a facilitar dicha información de conformidad con lo previsto en el apartado 6 de la disposición adicional primera de la Ley de Sociedades Anónimas.
3. Las Sociedades Anónimas Deportivas deberán permitir el examen del libro registro de acciones nominativas y atender todas las solicitudes de información que les curse el Consejo Superior de Deportes en relación a la titularidad de sus acciones. La misma obligación se extiende a las entidades encargadas de los registros a que se refiere el apartado anterior.".

3.1. Régimen de participaciones significativas

Se entenderá por participación significativa en una SAD[125], aquella que comprenda acciones u otros valores convertibles en ellas o que puedan dar derecho directa o indirectamente a su adquisición o suscripción de manera que el adquirente pase a tener, junto con los que ya posea, una participación en el capital de la sociedad del 5 %. A este respecto, ha de señalarse que el concepto de participación debe entenderse de forma amplia[126], cuando se indica que se refiere a la concentración del poder de decisión que se pueda alcanzar por parte de una persona física o jurídica, mediante distintos acuerdos que, sin trasladar la propiedad de la acción, se le transfieran los derechos políticos derivados de las acciones confiriéndole el poder de las mismas.

Así lo ratifica la normativa, cuando en el artículo 11.1 del Real Decreto regulador de la SAD se establece que se asimilará a la adquisición de acciones la celebración de acuerdos con otros accionistas por los cuales queden estos obligados a adoptar, mediante el ejercicio pactado de los respectivos derechos de voto, una política común referida a la gestión de SAD[127].

---

125 Artículo 10.2 y 67.1 del Real Decreto 1251/1999, de 16 de julio, sobre Sociedades Anónimas Deportivas (BOE núm. 170, de 17 de julio de 1999, páginas 27.070 a 27.080, TOL152.326) y Ley 39/2022, de 30 de diciembre, de Deporte (BOE núm. 314, de 31 de diciembre de 2022, páginas 193.306 a 193.397, TOL9.339.416), respectivamente.

126 CAZORLA GONZÁLEZ-SERRANO, L. y BLEIN CUADRILLERO, A., (2017). “Las Sociedades Anónimas Deportivas”, en PALOMAR OLMEDA, A. (dir.) y TEROL GÓMEZ, R. (coord.): *Derecho del Deporte Profesional,* Thomson Reuters Aranzadi, páginas 145; y GONZÁLEZ-ESPEJO GARCÍA, P., (2009). “Las formas societarias, su evolución y su perspectiva”, en PALOMAR OLMEDA, A. (dir.) y TEROL GÓMEZ, R. (coor.): *El Deporte Profesional,* Bosch, páginas 424 y ss.

127 Incluso, dando un paso más, el apartado 5º del referido artículo 11 del Real Decreto regulador de las SAD, indica en qué supuestos se

En dicho caso, esto es, en el caso de que cualquier persona física o jurídica, directa o indirectamente, pase a ostentar o enajene una participación significativa, deberá comunicar al CSD el alcance, plazo y condiciones de la adquisición, transmisión o enajenación. Dicha comunicación deberá realizarse por escrito, debidamente firmada por las personas señaladas al efecto en el artículo 12 del Real Decreto regulador de la

---

entenderá que las acciones están siendo adquiridas por una misma persona física o jurídica, siendo estos los supuestos:

- Las acciones poseídas o adquiridos por las entidades pertenecientes a su mismo grupo tal y como se define en el artículo 5 del Real Decreto Legislativo 4/2015, de 23 de octubre, por el que se aprueba el texto refundido de la Ley del Mercado de Valores.
- Las acciones poseídas o adquiridas por las demás personas que actúen en nombre propio, pero por cuenta de aquella, de forma concertada o formando con ella una unidad de decisión.
- Las acciones u otros valores de los que sean titulares los hijos que tengan bajo su patria potestad o su cónyuge, salvo en este último caso, que formen parte de su patrimonio privativo.

SAD[128], y siguiendo el procedimiento expuesto en el artículo 13 del mismo cuerpo normativo[129].

---

128 Artículo 12 del Real Decreto 1251/1999, de 16 de julio, sobre Sociedades Anónimas Deportivas (BOE núm. 170, de 17 de julio de 1999, páginas 27.070 a 27.080, TOL152.326), establece lo siguiente:
"*1. Las comunicaciones de participaciones significativas se efectuarán:*
a) En todo caso, por el adquirente o transmitente directo de las acciones o, en su caso, por ambos, que con su propia participación alcance o descienda de los porcentajes a que se refiere el artículo 10.2, ya se trate de una persona física o jurídica, ya adquiera o transmita por cuenta propia o ajena.
b) Por la entidad dominante de un grupo de sociedades en el sentido del artículo 4 de la Ley 24/1988, que, en conjunto, alcance o descienda de los referidos porcentajes.
c) Por la persona física que controle, en el sentido del artículo 4 de la Ley 24/1988, una o varias entidades, si sumando las participaciones de las que sea directamente titular y las de éstas alcanza o desciende de los porcentajes mencionados.
d) Por la persona física o jurídica que, en supuestos distintos de los contemplados en los párrafos anteriores, haya adquirido o transmitido a través de una persona interpuesta alcanzando o descendiendo de los porcentajes referidos.
A tales efectos, se considerará persona interpuesta a cualquiera que, en nombre propio, adquiera, transmita o posea los valores por cuenta del obligado a realizar la comunicación. En cualquier caso, se presumirá que es persona interpuesta aquélla a quien el obligado a realizar la comunicación deje total o parcialmente a cubierto de los riesgos inherentes a las adquisiciones o transmisiones o a la posesión de los valores.
e) Cuando el adquirente o transmitente carezca de personalidad jurídica o de capacidad de obrar, estará obligado a realizar la comunicación la sociedad gestora o quien ostente la representación o administración de su patrimonio.
2. Las personas físicas obligadas a comunicar incluirán en su comunicación las adquisiciones, transmisiones o participaciones de los hijos que tengan bajo su patria potestad y las de sus cónyuges, salvo que en este último caso, las acciones formen parte del patrimonio privativo del cónyuge.".

129 Artículo 12 del Real Decreto 1251/1999, de 16 de julio, sobre Sociedades Anónimas Deportivas (BOE núm. 170, de 17 de julio de 1999, páginas 27.070 a 27.080, TOL152.326), establece lo siguiente:

Por último, dicha adquisición o enajenación de participaciones significativas en SAD se inscribirá por el CSD en el Registro de Participaciones Significativas en Sociedades Anónimas Deportivas, que constituye la Sección Cuarta del Registro de Asociaciones Deportivas[130].

"1. Las comunicaciones de participaciones significativas se efectuarán por escrito, debidamente firmado, y contendrán, en todo caso:
a) La identificación del adquirente, transmitente o titular de la participación significativa, así como del firmante de la comunicación. En el caso de que la adquisición o transmisión se efectúe a través de sociedades controladas o de otras personas, habrá de identificarse a quienes aparecen como adquirentes, transmitentes o titulares directos de las acciones. Cuando la comunicación se efectúe por quien adquiera o transmita por cuenta de otro, se indicará esta circunstancia.
b) La identificación de la sociedad anónima deportiva en cuyo capital se adquiere, transmite o posee una participación significativa y de las acciones o valores objeto de la operación.
c) La identificación de las adquisiciones o transmisiones y del porcentaje poseído o que quede en poder del obligado después de la adquisición o transmisión.
d) La identificación de las personas, físicas o jurídicas, con quienes se hubiere celebrado un acuerdo o Convenio como consecuencia del cual se produzca la circunstancia objeto de comunicación, con indicación de la participación concreta de cada interviniente y demás elementos esenciales del mismo.
2. Las comunicaciones de participaciones significativas deberán realizarse dentro de los siete días hábiles siguientes a la fecha del contrato. Tratándose de adquisiciones o enajenaciones efectuadas en virtud de un título no contractual, el cómputo se hará a partir de la fecha en que se produzca el efecto transmisivo.".

130 Artículo 15 del Real Decreto 1251/1999, de 16 de julio, sobre Sociedades Anónimas Deportivas. BOE núm. 170, de 17 de julio de 1999, páginas 27.070 a 27.080, TOL152.326.

3.2. Limitaciones a la adquisición de acciones

La segunda de las medidas impuestas para hacer efectivo el control del accionariado de las SAD, e introducida como novedad en el Real Decreto regulador de la SAD, son las limitaciones a la adquisición de acciones[131].

Por una parte, el artículo 17.1 del cuerpo normativo referido prohíbe a las SAD y a los clubes, que participen en competiciones profesionales, participar, directa o indirectamente, en el capital de otra SAD que tome parte en la misma competición profesional o, siendo distinta, sea de la misma modalidad deportiva[132].

Por otra, el propio artículo 17, en su párrafo 2º, prohíbe a cualquier persona física o jurídica poseer, directa o indirectamente, una participación igual o superior, en los derechos de voto, al 5 % en dos SAD que participen en la misma competición profesional, o siendo distinta pertenezca a la misma modalidad deportiva[133].

---

[131] RAMOS HERRANZ, I., (2012). *Sociedades Anónimas Deportivas. Régimen jurídico actual,* Reus, páginas 98 y ss.

[132] El artículo 68.1 de la Ley 39/2022, de 30 de diciembre, de Deporte (BOE núm. 314, de 31 de diciembre de 2022, páginas 193.306 a 193.397, TOL9.339.416), transcribe casi literalmente lo dictado por el artículo 17.1 del Real Decreto 1251/1999, de 16 de julio, sobre Sociedades Anónimas Deportivas, (BOE núm. 170, de 17 de julio de 1999, páginas 27.070 a 27.080, TOL152.326).

[133] El artículo 68.2 de la Ley 39/2022, de 30 de diciembre, de Deporte (BOE núm. 314, de 31 de diciembre de 2022, páginas 193.306 a 193.397, TOL9.339.416), transcribe casi literalmente lo dictado por el artículo 17.2 del Real Decreto 1251/1999, de 16 de julio, sobre Sociedades Anónimas Deportivas, (BOE núm. 170, de 17 de julio de 1999, páginas 27.070 a 27.080, TOL152.326).

Si se diera cualquiera de los dos casos, contraviniendo lo exigido en los preceptos referidos, dichas adquisiciones serán nulas del pleno derecho[134].

La normativa, también, establece que aquella persona física o jurídica, que ostente o pase a ostentar, directa o indirectamente, una participación igual o superior a 25 % en los derechos de voto de una SAD, deberá recabar la autorización previa del CSD. Esta solicitud de autorización[135] deberá ser por escrito y debidamente firmada por el requirente, pudiendo ser esta denegada, mediante resolución motivada, cuando el CSD entienda que la adquisición pueda adulterar, o desvirtuar de desarrollo de la competición profesional en la que participe

---

134 Artículos 17.3 y 68.5 del Real Decreto 1251/1999, de 16 de julio, sobre Sociedades Anónimas Deportivas. (BOE núm. 170, de 17 de julio de 1999, páginas 27.070 a 27.080, TOL152.326), de la Ley 39/2022, de 30 de diciembre, de Deporte (BOE núm. 314, de 31 de diciembre de 2022, páginas 193.306 a 193.397, TOL9.339.416), respectivamente.

135 El artículo 16.1 del Real Decreto 1251/1999, de 16 de julio, sobre Sociedades Anónimas Deportivas. (BOE núm. 170, de 17 de julio de 1999, páginas 27.070 a 27.080, TOL152.326) establece que la solicitud para la autorización deberá contener los siguientes datos:
"*a) La identificación del adquirente y del transmitente. En el caso de que la adquisición o transmisión se efectúe a través de sociedades controladas o de otras personas, habrá de identificarse a quienes aparecen como adquirentes, transmitentes o titulares directos de las acciones. Cuando la solicitud se curse por quien adquiera por cuenta de otro, se indicará esta circunstancia.*
b) La identificación de la sociedad anónima deportiva en cuyo capital se proyecta adquirir y las acciones o valores objeto de la adquisición.
c) La identificación de las adquisiciones o transmisiones y del porcentaje poseído o que quede en poder del solicitante después de la adquisición.
d) La identificación de las personas, físicas o jurídicas, con quienes se proyecte celebrar un acuerdo o Convenio como consecuencia del cual se produzca la circunstancia objeto de la autorización, con indicación de la participación concreta de cada interviniente y demás elementos esenciales del mismo.".

la SAD. La resolución respecto de la autorización solicitada se hará constar en el Registro de Participaciones Significativas[136].

Y, por último, a pesar de que no supone una novedad introducida por el Real Decreto regulador de la SAD[137] (ya que se deriva de la Disposición Transitoria 3ª del Real Decreto 1084/1991, de 5 de julio, sobre Sociedades Anónimas Deportivas que, estando derogada, sus disposiciones transitorias siguen vigentes) su estudio se entiende necesario, en aras a ofrecer un análisis completo de las limitaciones existentes respecto al accionariado en las SAD. Se trata de la limitación establecida a los clubes deportivos, que optaren por adscribir su equipo profesional a una SAD de nueva creación, de poder poseer una participación igual o superior al 10 % de su capital social.

4. NORMAS CONTABLES E INFORMACIÓN PERIÓDICA

El Preámbulo del Real Decreto 1251/1999, de 16 de julio, sobre Sociedades Anónimas Deportivas señala como novedad importante la inclusión de preceptos dedicados a las normas contables y de información periódica, como forma idónea de establecer un sistema de control de las SAD. Se ha de recordar que como causa primigenia de la imposición de la estructura mercantil de las SAD en el deporte profesional estuvo el intento de control económico y financiero de los clubes participantes en las competiciones profesionales. Para ello, fue necesario

---

136 Artículos 16 y 67.3 del Real Decreto 1251/1999, de 16 de julio, sobre Sociedades Anónimas Deportivas. (BOE núm. 170, de 17 de julio de 1999, páginas 27.070 a 27.080, TOL152.326), de la Ley 39/2022, de 30 de diciembre, de Deporte (BOE núm. 314, de 31 de diciembre de 2022, páginas 193.306 a 193.397, TOL9.339.416), respectivamente.

137 Real Decreto 1251/1999, de 16 de julio, sobre Sociedades Anónimas Deportivas. BOE núm. 170, de 17 de julio de 1999, páginas 27.070 a 27.080, TOL152.326.

establecer que los controles fueran más allá de los que exigía la propia normativa mercantil, cuestión que se formalizó con la aprobación del Real Decreto de 1999.

La Ley de Sociedades de Capital[138] obliga a los administradores a formular a partir del cierre del ejercicio social, las cuentas anuales, el informe de gestión y la propuesta de aplicación de resultado, así como, en su caso, las cuentas y el informe de gestión consolidadas. Una vez aprobadas las cuentas anuales por la junta general de accionistas, estas deberán ser depositadas en el Registro Mercantil de la provincia donde esté sito su domicilio social.

Como ya se ha expuesto, la aprobación del Real Decreto antes referido supuso un incremento del control contable y financiero impuesto a las SAD; para ello, dispuso distintos preceptos dedicados a las normas contables, y estableció una obligación de remisión de información periódica contable al CSD.

Respecto a las normas contables, el artículo 19 de la normativa reguladora de las SAD establece que las sociedades que cuenten con varias secciones deportivas deberán llevar una contabilidad que permita diferenciar las operaciones referidas a cada una de ellas de forma independiente. Para lograr ese objetivo, en la memoria de las cuentas anuales se deberá especificar la distribución del importe neto de las cifras de negocios correspondientes a las actividades propias de cada sección deportiva de la sociedad; los derechos de adquisición de los jugadores las inversiones realizadas en instalaciones; los derechos de imagen de los jugadores; y aquellos otros extremos relevantes en la gestión económica y financiera de la SAD.

---

138 Los artículos 253 y siguientes de la Real Decreto Legislativo 1/2010, de 2 julio, por el que se aprueba el texto refundido de la Ley de Sociedades de Capital. BOE núm. 161, de 3 de julio de 2010, páginas 58.472 a 58.594, TOL1.880.028.

Para la elaboración de dicha contabilidad el antes mencionado artículo exponía que esta se debería regir por la normativa comercial común, e instaba al Ministerio de Economía y Hacienda, a que a propuesta del Instituto de Contabilidad y Auditoría de cuentas, pudiera aprobar mediante Orden la adaptación del Plan General de Contabilidad a las Sociedades Anónimas Deportivas. Esta labor que se llevó a cabo mediante la aprobación de la Orden de 27 de junio de 2000, por la que se aprueban las normas de adaptación del Plan General de Contabilidad a las Sociedades Anónimas Deportivas[139]. El objetivo de dicha orden fue conseguir una norma que estuviera técnicamente adaptada para poder contabilizar las operaciones que, con más frecuencia, realizaran estas entidades. Para ello, se tuvieron en cuenta las características y naturaleza específica de las actividades deportivas, adecuándose a ellas las normas y criterios de valoración, así como la estructura, nomenclatura y terminología de las cuentas anuales.

A modo de ejemplo, pues no es la finalidad del presente trabajo realizar un examen exhaustivo de la contabilidad de las SAD (que daría para poder elaborar una monografía al respecto), se crearon cuentas específicas tales como:

- Cuenta 133, "Ingresos diferidos por cesión de derechos": mediante esta cuenta las entidades reflejan los ingresos derivados de ciertos contratos en exclusiva respecto de la cesión de determinados derechos sobre jugadores.
- Cuenta 215, "Derechos de adquisición de jugadores": esta cuenta refleja los gastos realizados en virtud de una transacción onerosa, conocido como precio del transfer, por adquirir los derechos federativos de un jugador de una tercera entidad.

---

139 BOE núm. 155, de 29 de junio de 2000, página 23.290 a 23.392, TOL720.209.

- Cuenta 217, "Derechos de participación en competiciones y organización de acontecimientos deportivos": esta cuenta recoge los gastos de organizar eventos o de la obtención de derecho para participar en competiciones.
- Cuenta 273, "Derechos de imagen de jugadores y técnicos": es una cuenta que recoge el importe pagado por un jugador o entrenador para obtener sus derechos de imagen para un periodo superior a un año.

Toda esta elaboración contable deberá ser remitida, para su conocimiento, al CSD. Por una parte, semestralmente, deberá enviarle los estados financieros semestrales; y por otra, antes de que se depositen en el Registro Mercantil, deberá mandar las cuentas anuales conformadas por el órgano de administración, incluyendo el informe de gestión, la memoria y el informe de auditoría. Respecto a este último, el CSD podrá, de oficio o a petición de la liga profesional correspondiente, exigir el sometimiento de la SAD a una auditoría complementaria realizada por auditores por él designados. Todas estas normas de control expuestas han sido ratificadas y refrendadas por la nueva Ley del Deporte[140].

---

140 Los apartados 2º, 3º y 4º del artículo 64 de la Ley 39/2022, de 30 de diciembre, del Deporte (BOE núm. 314, de 31 de diciembre de 2022, páginas 193.306 a 193.397, TOL9.339.416) establece lo siguiente:
"2. *Las entidades deportivas que cuenten con varias secciones deportivas llevarán una contabilidad que permita diferenciar las operaciones referidas a cada una de ellas con independencia de su integración en las cuentas anuales de la entidad.*
Se entenderá por sección deportiva cada una de las divisiones organizativas de un club deportivo o sociedad anónima deportiva que, integrada por miembros de ese club o sociedad y dentro de su organización, desarrolla una práctica deportiva federada en alguna modalidad y/o especialidad deportiva concreta. Las secciones deportivas de un club se podrán definir por modalidad/especialidad y sexo.

5. COTIZACIÓN EN BOLSA DE VALORES

La primera vez que se previó que las SAD podían negociar sus acciones en las Bolsas de Valores fue consecuencia de la Ley 50/1998, de 30 de diciembre, de Medidas fiscales, Administrativas y del Orden Social[141], que introdujo importantes modificaciones en la entonces vigente Ley del Deporte[142].

Entre las aportaciones más importantes que introdujo la referida Ley fue la inclusión de la Disposición Transitoria 6ª en la entonces Ley del Deporte. En ella, se disponía que transcurridos 3 años de la entrada en vigor de la mencionada norma de medidas fiscales, las SAD podían solicitar la admisión a

En la memoria deberá especificarse, en su caso, la distribución del importe neto de la cifra de negocios correspondiente a las actividades propias de cada sección deportiva de la entidad.
Reglamentariamente se determinarán las normas específicas y los modelos a los que deberán ajustarse las cuentas de las entidades deportivas incluidas en esta Sección, así como la frecuencia y el alcance de la información periódica que deban remitir al Consejo Superior de Deportes.
3. Las entidades deportivas que participen en competiciones profesionales deberán remitir al Consejo Superior de Deportes y al organizador de la competición correspondiente el informe de auditoría de las cuentas anuales y el informe de gestión antes del depósito de dichas cuentas, así como el resto de información contable y patrimonial que determinen aquellas.
4. Sin perjuicio de lo dispuesto en el apartado anterior, el Consejo Superior de Deportes, de oficio o a petición del organizador correspondiente, podrá exigir el sometimiento de cualquier entidad deportiva que participe en una competición profesional a otra auditoría de cuentas, realizada por un auditor o auditora distinto del nombrado por la entidad deportiva, o un informe de control específico, en este último caso con el alcance y el contenido que se determine en el correspondiente acuerdo. La designación de auditores corresponderá al propio Consejo Superior de Deportes.".

141 BOE núm. 313, de 31 de diciembre de 1998, páginas 44.412 a 44.495, TOL74.753.

142 Ley 10/1990, de 15 de octubre, del Deporte. BOE núm. 249, de 17 de octubre de 1990, páginas 30.397 a 30.411, TOL22.598.

negociación de sus acciones en las Bolsas de Valores, siempre que hubieran cumplido con las obligaciones establecidas en la misma. Estas obligaciones eran las siguientes: por una parte, la de la remisión al Consejo Superior de Deportes de los informes de auditoría de las cuentas anuales y los informes de gestión, antes de que dichos documentos fueran depositados oportunamente en el Registro Mercantil; y por otra, la de que no hubieran sido sancionadas por alguna de las infracciones previstas en la, entonces vigente, Ley del Deporte.

Con posterioridad, y con la aprobación del Real Decreto 1251/1999, de 16 de julio, sobre Sociedades Anónimas Deportivas[143], se introdujeron las disposiciones necesarias para su regulación, y se habilitó la posibilidad de que las SAD pudieran solicitar la admisión a negociación de sus acciones en las Bolsas de Valores a partir del 1 de enero de 2002. Evidentemente, la admisión requeriría y requerirá el sometimiento de las mismas a la normativa del mercado de valores[144]. Únicamente, y esto se mantiene respecto de la normativa original, podrán ser admitidas a trámite cuando cumplan con las obligaciones impuestas por la Ley del Deporte y no haber sido sancionadas (art. 9).

Así mismo, cuando las acciones de las SAD estén admitidas a trámite deberán notificar a la Comisión Nacional del Mercado de Valores (CNMV) tanto las adquisiciones o enajenaciones de participaciones significativas, como cumplimentar las obligaciones de información periódica establecidas por la legislación del Mercado de Valores. Una vez recibida, la CNMV remitirá al CSD una copia de la misma.

---

143 BOE núm. 170, de 17 de julio de 1999, páginas 27.070 a 27.080, TOL152.326.

144 Actualmente, la normativa reguladora del mercado de valores aplicable sería la de la Ley 6/2023, de 17 de marzo, de los Mercados de Valores y de los Servicios de Inversión. BOE núm. 66, de 18 de marzo de 2023, páginas 40.706 a 40.956, TOL9.449.187.

Por su parte, la actual Ley del Deporte, en su artículo 72, reconoce la posibilidad de que las SAD coticen en Bolsa.

A pesar de que son más de 20 años el periodo en el que se ha permitido a las SAD poder cotizar sus acciones en Bolsa (lo que indefectiblemente pudiera convertirse en una importante fuente de ingresos que ayudara a lograr esa ansiada solvencia en el deporte profesional), la verdad es que hasta la fecha, ninguna SAD perteneciente a ninguna liga profesional, esto es, participante de ninguna competición profesional, ha solicitado tal admisión; únicamente, el Club de Fútbol *Intercity*, SAD, que milita en la categoría no profesional Primera Federación, cotiza en el *BME Growth*. Por lo que poco o nada se puede aportar respecto del desarrollo y aplicación de esta normativa, que pudiera ser tan interesante.

6. LA ADMINISTRACIÓN DE LA SOCIEDAD ANÓNIMA DEPORTIVA

Si la nueva Ley de Deporte[145] ha introducido innovaciones destacables, una de ellas es relativa a la regulación jurídica del órgano de administración de las SAD.

Para comenzar con el análisis de esta institución, es necesario partir de la premisa de que la normativa en vigor solo permite que sea el consejo de administración el órgano que deba gestionar y representar la SAD[146]. Por tanto, no cabe la

---

145 Ley 39/2022, de 30 de diciembre, del Deporte. BOE núm. 314, de 31 de diciembre de 2022, páginas 193.306 a 193.397, TOL9.339.416.

146 Artículos 21.1 y 71.1 del Real Decreto 1251/1999, de 16 de julio, sobre Sociedades Anónimas Deportivas. (BOE núm. 170, de 17 de julio de 1999, páginas 27.070 a 27.080, TOL152.326) y de la Ley 39/2022, de 30 de diciembre, del Deporte (BOE núm. 314, de 31

adopción de otras formas de administración previstas con carácter general para las sociedades mercantiles.

Respecto a las obligaciones o deberes principales que deberán cumplir los miembros del consejo de administración de las SAD, en términos generales, serán las previstas en los artículos 225 a 229 de la Ley de Sociedades de Capital[147].

Por una parte, los miembros del consejo de administración deberán actuar con la diligencia de un ordenado empresario. La diligencia exigida va más allá de lo que se le puede exigir a una persona corriente, esto es, se le exige una dedicación y una atención cualificada, acorde a un profesional que se dedica habitualmente a esa actividad. Para ello, podrá exigir de la sociedad que se le facilite toda la información que sea adecuada y necesaria para el cumplimiento de sus obligaciones.

Además, y para poder actuar con la diligencia exigida, los miembros del consejo de administración, a la hora de tomar sus decisiones estratégicas y de negocio, gozarán de discrecionalidad, siempre que estos actúen con buena fe y sin que sus intereses personales interfieran en las mismas, priorizando los intereses de la SAD.

Por último, los miembros del consejo de administración deberán desempeñar su cargo con la lealtad de un fiel representante. Lo que les obligará a no ejercitar sus facultades con fines distintos de aquellos para los que se le concedieron; guardar secreto sobre informaciones relevantes; abstenerse de participar en deliberaciones cuando exista un conflicto de intereses;

de diciembre de 2022, páginas 193.306 a 193.397, TOL9.339.416), respectivamente.

147 Real Decreto Legislativo 1/2010, de 2 julio, por el que se aprueba el texto refundido de la Ley de Sociedades de Capital. BOE núm. 161, de 3 de julio de 2010, páginas 58.472 a 58.594, TOL1.880.028.

y desempeñar sus funciones bajo el principio de responsabilidad personal.

Cualquier vulneración de las obligaciones expuestas estará sujeta a indemnizar por los daños causados, tanto al patrimonio social mediante el ejercicio de la acción social[148], como al

---

[148] Artículos 238, 239 y 240 del Real Decreto Legislativo 1/2010, de 2 julio, por el que se aprueba el texto refundido de la Ley de Sociedades de Capital. BOE núm. 161, de 3 de julio de 2010, páginas 58.472 a 58.594, TOL1.880.028.
"*Artículo 238. Acción social de responsabilidad.*
1. La acción de responsabilidad contra los administradores se entablará por la sociedad, previo acuerdo de la junta general, que puede ser adoptado a solicitud de cualquier socio aunque no conste en el orden del día. Los estatutos no podrán establecer una mayoría distinta a la ordinaria para la adopción de este acuerdo.
2. En cualquier momento la junta general podrá transigir o renunciar al ejercicio de la acción, siempre que no se opusieren a ello socios que representen el cinco por ciento del capital social.
3. El acuerdo de promover la acción o de transigir determinará la destitución de los administradores afectados.
4. La aprobación de las cuentas anuales no impedirá el ejercicio de la acción de responsabilidad ni supondrá la renuncia a la acción acordada o ejercitada.
Artículo 239. Legitimación de la minoría.
1. El socio o socios que posean individual o conjuntamente una participación que les permita solicitar la convocatoria de la junta general, podrán entablar la acción de responsabilidad en defensa del interés social cuando los administradores no convocasen la junta general solicitada a tal fin, cuando la sociedad no la entablare dentro del plazo de un mes, contado desde la fecha de adopción del correspondiente acuerdo, o bien cuando este hubiere sido contrario a la exigencia de responsabilidad.
El socio o los socios a los que se refiere el párrafo anterior, podrán ejercitar directamente la acción social de responsabilidad cuando se fundamente en la infracción del deber de lealtad sin necesidad de someter la decisión a la junta general.
2. En caso de estimación total o parcial de la demanda, la sociedad estará obligada a reembolsar a la parte actora los gastos necesarios en que hubiera

patrimonio particular que se materializará con la interposición de la acción individual[149].

Por su parte, la normativa deportiva[150] establece quiénes no podrán ser miembros del consejo de administración de una SAD, que expuesto sucintamente serán los siguientes: quienes, en los últimos cinco años, hayan sido sancionados por una infracción muy grave en materia deportiva; quienes estén al servicio de cualquier Administración Pública o sociedad en cuyo capital participe alguna Administración Pública, siempre que la actividad del órgano o unidad a la que estén adscritos esté relacionada con la de las sociedades de capital deportivas; quienes tengan o hayan tenido en los dos últimos años la con-

---

incurrido con los límites previstos en el artículo 394 de la Ley 1/2000, de 7 de enero, de Enjuiciamiento Civil, salvo que esta haya obtenido el reembolso de estos gastos o el ofrecimiento de reembolso de los gastos haya sido incondicional.
Artículo 240. Legitimación subsidiaria de los acreedores para el ejercicio de la acción social.
Los acreedores de la sociedad podrán ejercitar la acción social de responsabilidad contra los administradores cuando no haya sido ejercitada por la sociedad o sus socios, siempre que el patrimonio social resulte insuficiente para la satisfacción de sus créditos.".

149 Artículo 241 del Real Decreto Legislativo 1/2010, de 2 julio, por el que se aprueba el texto refundido de la Ley de Sociedades de Capital. BOE núm. 161, de 3 de julio de 2010, páginas 58.472 a 58.594, TOL1.880.028, establece los siguiente:
"*Artículo 241. Acción individual de responsabilidad.*
Quedan a salvo las acciones de indemnización que puedan corresponder a los socios y a los terceros por actos de administradores que lesionen directamente los intereses de aquellos.".

150 Artículos 21.2 y 71.2 del Real Decreto 1251/1999, de 16 de julio, sobre Sociedades Anónimas Deportivas. (BOE núm. 170, de 17 de julio de 1999, páginas 27.070 a 27.080, TOL152.326) y de la Ley 39/2022, de 30 de diciembre, del Deporte (BOE núm. 314, de 31 de diciembre de 2022, páginas 193.306 a 193.397, TOL9.339.416), respectivamente.

dición de alto cargo de la Administración General del Estado y de las entidades del sector público estatal, siempre que la actividad propia del cargo tenga relación con la de las SAD[151]; y, por último, las personas en quienes concurra alguna de las prohibiciones para ser administradores previstas en la normativa mercantil general[152].

Asimismo, se les prohíbe a los miembros del consejo de administración de una SAD, ni por sí ni mediante personas vinculadas[153], ejercer cargo alguno ni ostentar la titularidad de una participación significativa en otra entidad deportiva que par-

---

151 En los términos señalados en los artículos 1 y 15 de la Ley 3/2015, de 30 de marzo, reguladora del ejercicio del alto cargo de la Administración General del Estado. BOE núm. 77, de 31 de marzo de 2015, páginas 27.259 a 27.277, TOL4.788.429.

152 El artículo 213 del Real Decreto Legislativo 1/2010, de 2 julio, por el que se aprueba el texto refundido de la Ley de Sociedades de Capital (BOE núm. 161, de 3 de julio de 2010, páginas 58.472 a 58.594, TOL1.880.028), establece lo siguiente:
"*1. No pueden ser administradores los menores de edad no emancipados, los judicialmente incapacitados, las personas inhabilitadas conforme a la Ley Concursal mientras no haya concluido el período de inhabilitación fijado en la sentencia de calificación del concurso y los condenados por delitos contra la libertad, contra el patrimonio o contra el orden socioeconómico, contra la seguridad colectiva, contra la Administración de Justicia o por cualquier clase de falsedad, así como aquéllos que por razón de su cargo no puedan ejercer el comercio.*
2. Tampoco podrán ser administradores los funcionarios al servicio de la Administración pública con funciones a su cargo que se relacionen con las actividades propias de las sociedades de que se trate, los jueces o magistrados y las demás personas afectadas por una incompatibilidad legal.
3. A los efectos de lo dispuesto en este artículo, podrá tomarse en consideración cualquier inhabilitación o información pertinente a efectos de inhabilitación vigente en otro Estado miembro de la Unión Europea."

153 Es el artículo 231 del Real Decreto Legislativo 1/2010, de 2 julio, por el que se aprueba el texto refundido de la Ley de Sociedades de Capital (BOE núm. 161, de 3 de julio de 2010, páginas 58.472

ticipe en la misma competición profesional o, siendo distinta, pertenezca a la misma modalidad deportiva[154].

---

a 58.594, TOL1.880.028), el que regula quiénes son las entendidas como personas vinculadas a los administradores y son las siguientes: "*1. A efectos de los artículos anteriores, tendrán la consideración de personas vinculadas a los administradores:*
a) El cónyuge del administrador o las personas con análoga relación de afectividad.
b) Los ascendientes, descendientes y hermanos del administrador o del cónyuge del administrador.
c) Los cónyuges de los ascendientes, de los descendientes y de los hermanos del administrador.
d) Las sociedades o entidades en las cuales el administrador posee directa o indirectamente, incluso por persona interpuesta, una participación que le otorgue una influencia significativa o desempeña en ellas o en su sociedad dominante un puesto en el órgano de administración o en la alta dirección. A estos efectos, se presume que otorga influencia significativa cualquier participación igual o superior al 10 % del capital social o de los derechos de voto o en atención a la cual se ha podido obtener, de hecho o de derecho, una representación en el órgano de administración de la sociedad.
e) Los socios representados por el administrador en el órgano de administración.
2. Respecto del administrador persona jurídica, se entenderán que son personas vinculadas las siguientes:
a) Los socios que se encuentren, respecto del administrador persona jurídica, en alguna de las situaciones contempladas en el apartado primero del artículo 42 del Código de Comercio.
b) Los administradores de derecho o de hecho, los liquidadores y los apoderados con poderes generales del administrador persona jurídica.
c) Las sociedades que formen parte del mismo grupo y sus socios.
d) Las personas que respecto del representante del administrador persona jurídica tengan la consideración de personas vinculadas a los administradores de conformidad con lo que se establece en el apartado anterior.".

154 Este aspecto viene regulado en los artículos 71.3 y 21.3 del Real Decreto 1251/1999, de 16 de julio, sobre Sociedades Anónimas Deportivas (BOE núm. 170, de 17 de julio de 1999, páginas 27.070 a 27.080, TOL152.326) y de la Ley 39/2022, de 30 de diciembre, del Deporte (BOE núm. 314, de 31 de diciembre de 2022, pági-

Para finalizar con este apartado, se abordará una de las novedades más relevantes que ha introducido la nueva Ley del Deporte. En su Preámbulo manifiesta la necesidad de crear canales estructurados de participación de las aficiones organizadas en los clubes y SAD; sobre todo, en las modalidades deportivas donde existen dichas aficiones organizadas y un elevado sentimiento de identificación comunitaria entre las entidades y las aficiones. De lo expuesto en el Preámbulo de la Ley, pudiera entenderse que su objetivo primordial es crear un ámbito de representación de la afición en el órgano de representación de la SAD, en este caso dentro del consejo de administración. La finalidad de todo ello, no es otra que lograr una cohesión entre las personas que sustentan sentimentalmente la entidad, con aquellas que la poseen jurídicamente. Es por todo ello que se ha creado la figura del consejero independiente.

Entendiendo cuál es la finalidad de la creación de esta figura y analizando la redacción que se ha aprobado de su regulación, es necesario exponer que, como consecuencia de la atípica (confusa) redacción de la misma, esta puede conducir a posibles inseguridades jurídicas, que hasta no aprobarse su desarrollo reglamentario y, por ende, estatutario en cada SAD, va a ser difícil atinar con la interpretación que ha de darse a la

---

nas 193.306 a 193.397, TOL9.339.416), respectivamente. No obstante, existe una pequeña diferencia entre ambos preceptos, pues la disposición de la Ley SAD no regula la imposibilidad de que el miembro de consejo de administración ostente una participación significativa en otra entidad de su misma competición profesional, o que pertenezca a la misma modalidad; pero la nueva Ley de Deporte viene a completar dicha prohibición incluyendo esta limitación cuya necesidad es obvia, para conseguir una coherencia normativa respecto a la regulación de las participaciones significativas. Todo ello, con el objetivo de obtener mayor transparencia y claridad en la competición y evitar cualquier utilización fraudulenta de las normas.

figura y a su regulación. Es el artículo 71.1 de la Ley del Deporte[155] el que, además de imponer al consejo de administración como único órgano de representación válido en las SAD, establece que este estará compuesto por el número de miembros que determinen los estatutos, siendo al menos uno de ellos un consejero independiente, que deberá velar especialmente por los intereses de los abonados y aficionados. De hecho, define como consejero independiente a aquel que, designado en atención a sus condiciones personales y profesionales, pueda desempeñar sus funciones sin verse condicionado por relaciones con la sociedad o su grupo, sus accionistas significativos o sus directivos, y añade que estos tendrán las mismas competencias y funciones que el resto de consejeros.

Es aquí donde se encuentra el primer escoyo. Si el consejero independiente debe de cumplir con las mismas funciones y obligaciones que el resto de miembros del consejo de administración (a este respecto se debe traer a colación lo expuesto con anterioridad en relación a las obligaciones de los consejeros que, por resumir, se concentra en velar por el interés societario, dejando a un lado otros intereses particulares), choca conocer que una de las funciones que se le asigna al consejero independiente sea ejercitar su labor sin verse condicionado por la sociedad. Es una absoluta contradicción. Un consejero, sea del tipo que sea y provenga de la fórmula que sea, siempre deberá velar por los intereses de la sociedad. Otra cuestión es que, por su procedencia, esto es, de entre quienes ha sido elegido, no caiga bajo los influjos de los poderes de los accionistas mayoritarios o demás consejeros, y que su labor, además de la expuesta, tenga una adicional que suponga establecer un enlace directo entre afición y SAD. Pero eso, en ningún caso debe

---

155 Ley 39/2022, de 30 de diciembre, del Deporte, BOE núm. 314, de 31 de diciembre de 2022, páginas 193.306 a 193.397, TOL9.339.416.

confundir al legislador adjudicándole funciones contrarias al espíritu de la institución jurídica a la que pertenece.

Continuando con el análisis de esta figura, es el apartado 5 del artículo 71 el que establece quiénes podrán participar como electores y como candidatos; y es aquí, de nuevo, donde el legislador ha vuelto a introducir un obstáculo interpretativo de la norma, cuando la redacción, lamentablemente, es deficiente y, además, no establece diferencias claras entre conceptos tales como: abonado; socio minoritario; socio; y/o accionistas.

Según el precepto referido podrán ser candidatos y electores los siguientes:

> *"a) Los abonados o socios minoritarios de la sociedad anónima deportiva o del club en que se integrara ésta, que tengan además una antigüedad como abonados de al menos 4 años el día de dicha elección.*
>
> *b) Los socios o accionistas que, sin ser abonados, tengan un número inferior a las acciones que permitan participar en la junta general de accionistas.".*

Comenzando con el análisis con el apartado a), hay que aclarar que no es lo mismo abonado que socio minoritario. El abonado es cualquier persona física o jurídica que adquiere un abono para ver un espectáculo deportivo. La única vinculación que mantiene con la SAD, es el contrato de compraventa de un abono que le permite acceder a ver un espectáculo. De hecho, existen distintas ofertas por parte de las entidades en relación a comercialización de los abonos (de toda la temporada, media temporada, menores de edad, jubilados, solo partidos de ligas, completo, etc.).

Esta figura nada tiene que ver con la del socio minoritario (figura que únicamente se puede dar en el caso de SAD, nunca en caso de una sociedad deportiva), ya que este sí será propietario de la SAD, en la proporción de las acciones que hubiera suscrito. De hecho, se denomina socio minoritario a aquel que, por su bajo porcentaje en el accionariado de la SAD, no le es permitido acudir a las juntas generales, a no ser que se agrupen este varios socios minoritarios hasta alcanzar el mínimo establecido por los estatutos sociales[156]. Por tanto, la inclusión de la mención de socio minoritario en el apartado a) lleva a confusión, más aun, cuando en el apartado b) se le confiere directamente a los socios o accionistas minoritarios la capacidad de ser tanto electores como candidatos.

Para ofrecer claridad a este enredo, la que suscribe comparte, en parte, las conclusiones alcanzadas al respecto por González-Espejo García[157], cuando presume que la inclusión de la mención de "socios minoritarios" es resultado de un error y, por tanto, serán electores o candidatos: por una parte, los abonados, que no siendo accionistas, tengan una antigüedad de al menos cuatro años; y por otra, los accionistas, no abonados o con abonos con una antigüedad inferior a las de 4 años, que tengan un número inferior a las acciones que permitan participar en la junta general de accionistas.

---

156 Los artículos 179.2 y 189.1 de Real Decreto Legislativo 1/2010, de 2 julio, por el que se aprueba el texto refundido de la Ley de Sociedades de Capital (BOE núm. 161, de 3 de julio de 2010, páginas 58.472 a 58.594, TOL1.880.028), establecen lo siguiente:
Artículo 179.2
"*2. En las sociedades anónimas los estatutos podrán exigir, respecto de todas las acciones, cualquiera que sea su clase o serie, la posesión de un número mínimo para asistir a la junta general sin que, en ningún caso, el número exigido pueda ser superior al uno por mil del capital social.*".
Artículo 189.1
"*1. Para el ejercicio del derecho de asistencia a las juntas y el de voto será lícita la agrupación de acciones.*".

157 GONZÁLEZ-ESPEJO GARCÍA, P., (2023). "La nueva Ley del Deporte: breves apuntes sobre el régimen de las entidades deportivas que participen en competiciones profesionales", *Revista Aranzadi de Derecho de Deporte y Entretenimiento* (79).

Finalmente, esta elección será democrática y siguiendo el procedimiento que deberá estar incorporado en los estatutos sociales. Cada socio o abonado tendrá un voto. En cualquier caso, para el sufragio pasivo se requiere que estos sean mayores de 18 años, mientras que para el sufragio activo se exige que estos sean mayores de 16.

Capítulo IV

Concurso de acreedores

1. INTRODUCCIÓN

La institución del concurso de acreedores viene, en la actualidad, regulada por el Real Decreto Legislativo 1/2020, de 5 de mayo, por el que se aprueba el texto refundido de la Ley Concursal[158]. Si bien, más adelante, se expondrá con más profusión las características más destacadas de la figura, en este momento, a modo introductorio, es necesario adelantar que la declaración de concurso procederá, siempre, en caso de insolvencia del deudor.

Mentar en esta obra la palabra insolvencia, remite al lector a los primeros capítulos de la misma donde se exponían los graves problemas económicos que durante décadas había sufrido el deporte profesional, y cómo mediante instrumentos provenientes del Derecho mercantil, el legislador había tratado de solventarlos.

El concurso de acreedores, siendo un procedimiento judicial relativamente joven, ya que su primera normativa se aprueba en el 2003, es una figura que, si bien no ha resuelto, por sí mismo, el problema de la insolvencia de los clubes y entidades deportivas en su conjunto, ha acompañado a estas y ha ayudado a solventar situaciones económicas graves, que sin la intervención de esta institución quedarían abocadas a la desaparición.

---

158 BOE núm. 127, de 7 de mayo de 2020, páginas 31.518 a 31.706, TOL7.907.223.

Ahora bien, y como se expondrá a lo largo del capítulo, su aplicación en el deporte profesional no ha estado exento de polémica. Desde un inicio, hubo un claro enfrentamiento entre la normativa concursal, cuyo objetivo era obtener la viabilidad de la entidad deportiva bajo el principio de *par conditio creditorum,* y la regulación deportiva, que exige el cumplimiento de determinadas obligaciones económicas, cada temporada, para lograr mantener la categoría -como son los salarios de los deportistas y técnicos; las deudas con las federaciones y ligas; etc.-, dejando de lado las demás deudas.

Este conflicto normativo no ha sido nada fácil de solucionar por parte del legislador, ya que los intentos por aprobar preceptos para aclarar la jerarquía normativa, en muchos casos, ha conllevado a más confusión, dejando en manos de la jurisprudencia su resolución, cuestión que ha evidenciado una inseguridad jurídica en la interpretación del ordenamiento jurídico concursal.

2. INSOLVENCIA

Si se pretende analizar la figura del concurso de acreedores y su influencia en el deporte profesional, es esencial abordar, primero de todo, el estudio del concepto de la insolvencia.

En general, la insolvencia podría definirse como insuficiencia patrimonial, esto es, reflejo objetivo de la incapacidad de un patrimonio para cubrir el importe de las deudas[159]. Por su parte, la Ley Concursal establece una clasificación, y distingue la insolvencia actual de la inminente; siendo la primera, aquella situación del deudor cuando no puede cumplir regularmente sus obligaciones exigibles; y definiendo la inminente,

---

159 ORDUÑA MORENO, F. J., (1994). *La insolvencia,* Tirant lo Blanch, pág. 22-30.

como aquella situación en la que el deudor prevé que no podrá cumplir regular y puntualmente sus obligaciones.

Es evidente, que el conocimiento de la situación de insolvencia por parte del deudor se fundamentará en la contabilidad que está obligado a confeccionar. Otra cuestión es en qué se fundamentará el acreedor cuando quiera ser este el que solicite la declaración de concurso de la entidad deportiva; ya que como es bien sabido, y así lo regula el artículo 3 de la actual Ley Concursal, la legitimación para solicitar la declaración de concurso recae tanto en el deudor (entidad que no puede hacer frente a sus deudas) como en cualquiera de sus acreedores. En este último caso, es el apartado 4º del artículo 2 de la mencionada Ley el que regula que la solicitud de declaración de concurso presentada por cualquier acreedor deberá fundarse en alguno de los siguientes hechos, que a su entender, son reveladores de un estado de insolvencia, como son:

- La existencia de una previa declaración judicial o administrativa de insolvencia del deudor, siempre que esta sea firme.
- La existencia de un título por el cual se haya despachado mandamiento de ejecución o apremio, sin que se hayan encontrado bienes bastantes para el pago.
- La existencia de embargos por ejecuciones en curso que afecten al patrimonio general del deudor.
- El sobreseimiento generalizado en el pago corriente de las obligaciones.
- El sobreseimiento generalizado en el pago de las obligaciones tributarias, cuotas de la seguridad social, de salarios o indemnizaciones de trabajadores, correspondientes a los últimos tres meses.
- O el alzamiento o la liquidación apresurada o ruinosa de sus bienes por el deudor.

Siendo estos los hechos externos que reflejan una situación evidente de insolvencia, más delicado, o al menos más complicado, es concluir por parte del deudor, en este caso entidad deportiva, que se está en un estado de insolvencia, analizando su propia contabilidad dada las particularidades que se aplican a las SAD.

Como ya se ha analizado en el anterior capítulo, las normas contables que deben seguir las SAD, se derivan de la Orden, de 27 de junio de 2000, por la que se aprueban las normas de adaptación del Plan General de Contabilidad a las Sociedades Anónimas Deportivas[160]. Determinadas normas de valoración que se imponen respecto de determinadas cuentas creadas al efecto, con el fin de adaptarse a las realidades de las SAD, hacen que estados financieros que teniendo en cuenta dichas normas parecerían abocadas a una insolvencia grave, no lo sean de valorarlas de distinta forma[161].

Esto ocurre, a modo de ejemplo, con los derechos de adquisición de jugadores y con los derechos de participación en competiciones. Es indiscutible, que tanto una como la otra son cuentas importantísimas del activo de cualquier SAD, porque la primera establece el valor que se le debe dar a la plantilla de deportistas profesionales; y la segunda, la valoración del derecho a participar en una competición profesional. Ambos son derechos que se podrían transmitir, por lo que su valoración

---

160 BOE núm. 155, de 29 de junio de 2000, páginas 23.290. a 23.345, TOL720.209.

161 ALONSO HERNÁNDEZ, A. y GONZÁLEZ PÉREZ, E., (2015). "La calificación del concurso de las Sociedades Anónimas Deportivas. Principales claves y especial análisis de la presunción de irregularidades contables en relación con la valoración de sus activos. Comentario al hilo de la Sentencia del Juzgado de lo Mercantil nº 1 de Málaga de 10 de octubre de 2014", *Revista Aranzadi de Derecho de Deporte y Entretenimiento* (46).

es transcendental para conocer si una SAD está en situación de insolvencia.

En relación a los derechos de adquisición de jugadores, en las normas de valoración 5ª de la Orden mencionada, donde exponen las normas particulares sobre el inmovilizado inmaterial, en su apartado e) dice lo siguiente:

> *"Derechos de adquisición de jugadores: se entiende por derechos de adquisición de jugadores el importe devengado por la adquisición de un determinado jugador (nacional o extranjero) procedente de otra entidad.*
>
> *El importe de adquisición incluirá el importe a pagar a la entidad de donde proviene el jugador, conocido como "transfer", así como todos los gastos necesarios para la adquisición del jugador. Este importe es independiente del contrato que pueda firmarse entre entidad y jugador por la prestación de sus servicios.*
>
> *(...)."*

Como se podrá observar, solo se valoran los jugadores cuyos derechos hayan sido adquiridos a una entidad externa, dejando fuera de toda valoración contable, aquellos jugadores que desde sus inicios profesionales militaran en la entidad en cuestión, los llamados jugadores de la cantera. En definitiva, la referida normativa no permite contabilizar uno de los activos más importantes de estas sociedades, los canteranos; que en algunas ocasiones su venta podría reportar ingresos muy relevantes.

A modo de ejemplo, se encuentra el caso de la Real Sociedad de Fútbol, S.A.D., entidad deportiva que, al margen de determinados traspasos internacionales, es un club formado primordialmente por canteranos[162]. En julio de 2013, la entidad donostiarra traspasó, esto es, vendió los derechos federativos del jugador canterano don Asier Illarramendi Andonegi al Real Madrid, F.C. por la cantidad de 32.000.000 de euros. Un jugador que para la contabilidad de su club su valor era de 0 euros, reportó unos ingresos de 32.000.000 de euros.

Respecto a los derechos de participación en competiciones, en las normas de valoración 5ª de la Orden mencionada, donde exponen las normas particulares sobre el inmovilizado inmaterial, en su apartado i) dice lo siguiente:

> *"Derechos de participación en competiciones: Se consideran derechos de participación en competiciones los importes satisfechos a otras entidades por la adquisición de los derechos de participación en la competición de la Liga Profesional. Solo podrán figurar en el activo, cuando su valor se ponga de manifiesto en virtud de una adquisición onerosa y nunca cuando tenga carácter de cuota periódica.*
>
> *(...)."*

Si bien este tipo de transacciones no son tan frecuentes como las expuestas anteriormente, eso no exime de la necesidad de que se deba valorar el hecho de ostentar el derecho a competir en una competición oficial. En los últimos tiempos, se dio el caso del Club Granada 74, SAD que adquirió el derecho a participar en la competición oficial profesional de fútbol en su categoría de 2 División, gracias a la "cesión" del Ciudad de

---

162 El 2 de julio de 2007 fue declarado en concurso por el Juzgado de lo Mercantil número 1 de San Sebastián. Con esta referencia no se quiere establecer ninguna relación directa entre la declaración de concurso y la no valoración económica de los jugadores canteranos; pero es una evidencia que desde luego la falta de estimación de dichos activos algo perjudicaría en su estado de solvencia contable.

Murcia, C.F., SAD[163]. Si bien no transcendió los importes que el club murciano cobró por dicha cesión, es evidente que tuvo un precio. Un valor que se imputó en su contabilidad mientras que las demás SAD no pueden hacerlo como consecuencia de dicha norma de valoración.

Para finalizar con este apartado es interesante traer a colación la interpretación que a este respecto hace el Tribunal Supremo[164], cuando establece que no puede confundirse la situación de insolvencia que define la Ley Concursal, con la situación de pérdidas agravadas o de fondos propios negativos que puedan reflejarse en la contabilidad de una empresa; ya que según el juzgador, en la Ley Concursal, la insolvencia no se identifica con el desbalance o las pérdidas agravadas, pues según sus palabras:

> *"Cabe que el patrimonio contable sea inferior a la mitad del capital social, incluso que el activo sea inferior al pasivo y, sin embargo, el deudor pueda cumplir regularmente con sus obligaciones, pues obtenga financiación. Y, al contrario, el activo puede ser superior al pasivo pero que la deudora carezca de liquidez (por ejemplo, por ser superior el activo liquidable a muy largo plazo y no obtener financiación) lo que determinaría la imposibilidad de cumplimiento regular de las obligaciones en un determinado momento y, consecuentemente, la insolvencia actual.".*

---

163 Esta cesión fue muy polémica ya que enfrentó directamente a la Real Federación de Fútbol Español (RFEF) que se negaba a aceptar dicha transacción, con la Liga Nacional de Fútbol Profesional (LNFP), que la respaldó desde un primer momento. Dicho conflicto se resolvió a favor de la LNFP, esto es, a favor de la transacción en el procedimiento llevado a cabo ante el Tribunal Arbitral del Deporte, sito en Lausana (Suiza), CAS 2007/O/1361.

164 Sentencia del Tribunal Supremo (Sala de lo Civil, Sección 1ª) número 122/2014, de 1 de abril. ECLI:ES:TS:2014:1368. TOL4.218.602.

Y concluye el Tribunal explicando que, aunque con frecuencia ambas situaciones se solapen, esto es, la insolvencia y el desbalance patrimonial, ambas situaciones no son equivalentes. Lo que es determinante para apreciar si concurre la obligación de solicitar la declaración de concurso es la insolvencia y no el desbalance.

3. EVOLUCIÓN NORMATIVA DEL CONCURSO DE ACREEDORES: AFECTACIÓN A LAS ENTIDADES DEPORTIVAS. CONFLICTO ENTRE EL DERECHO CONCURSAL Y EL DEPORTIVO

En anteriores capítulos de la presente obra se ha destacado que uno de los problemas más importantes que ha sufrido el deporte profesional, a lo largo de los años, ha sido la insolvencia grave derivada de la crisis económica y financiera, consecuencia de la falta de gestión y control profesional por parte de sus dirigentes. Es por ello, que el legislador se vio obligado a implementar e incorporar medidas de Derecho mercantil, con la finalidad de poder superar dicho déficit de control. Una de las medidas impuestas, como ya se ha expuesto, fue la imposición de conversión de las entidades deportivas en SAD, pero esta no ha sido la única ni la más eficaz.

Uno de los instrumentos provenientes del Derecho mercantil que más ha apoyado la supervivencia de las entidades deportivas ha sido, sin ninguna duda, la figura del concurso de acreedores, que en términos absolutos es una figura de reciente creación. Este no es un procedimiento que tenga la finalidad de dar solvencia a la entidad deportiva, pero sí consigue, a través del proceso judicial, lograr, en los mejores de los casos, aportar una viabilidad económica alejando, a su vez, la liquidación y, por tanto, la extinción de la entidad.

Antes de entrar en el análisis de la evolución de la normativa concursal, es necesario advertir que hasta el año 2003, la insolvencia empresarial se canalizaba a través de la institución de la quiebra y la suspensión de pagos, regulada en el Código de Comercio[165] y en la Ley de 26 de julio de 1922, de suspensión de pagos[166]. Estas instituciones estaban reguladas por normativa anticuada, nada actualizada a las necesidades empresariales del siglo XXI, y que se configuraba como una institución sancionadora del empresario negligente[167]. Respecto a la influencia que estas figuras tuvieron en el deporte profesional, se ha de destacar que fue nula, ya que ninguna entidad deportiva de carácter profesional recurrió a estos procedimientos; realidad completamente contraria a la que acontece una vez es aprobada la Ley 22/2003, de 9 de julio, Concursal[168].

La normativa de la institución del concurso de acreedores, en apenas 20 años de vigencia, ha sufrido multitud de modificaciones, principalmente con la intención de flexibilizar y adaptarse mejor tanto a las realidades financieras como a las judiciales. Esta abundancia de modificaciones ha conllevado a que, en la actualidad, la norma vigente sea el Real Decreto Legislativo 1/2020, de 5 de mayo, por el que se aprueba el texto refundido de la Ley Concursal[169]. Es el propio Preámbulo de la Ley el que expone que:

---

165 Gaceta de Madrid núm. 289, de 16 de octubre 1885, páginas 169 a 170, TOL322.190.

166 Gaceta de Madrid núm. 257, de 14 de septiembre de 1922, páginas 1.058 a 1.063, TOL151.780.

167 CAZORLA GONZÁLEZ-SERRANO, L., (2016). *Derecho mercantil y deporte profesional*, Thomson Reuters- Aranzadi, página 38.

168 BOE núm. 164, de 10 de julio de 2003, páginas 26.905 a 26.965, TOL275.060.

169 BOE núm. 127, de 7 de mayo de 2020, páginas 31.518 a 31.706, TOL7.907.223.

"En pocos casos la necesidad de un texto refundido es más necesaria. Las dificultades que, tras tantas reformas, suscita la lectura y la interpretación de las normas legales e incluso la comprensión de la lógica interna del sistema concursal vigente exigían no posponer por más tiempo esa tarea que, aunque delicada, resulta insoslayable afrontar.".

Es innegable que alguna modificación normativa sufrida en la Ley Concursal ha tenido una influencia importante, si no decisiva, en las realidades de las entidades deportivas concursadas. Es por ello que se ve necesario acometer el análisis de la evolución de la normativa que ha tenido esta figura, si bien, por razones obvias, únicamente se analizará aquella que ha supuesto una modificación o alteración importante en el deporte profesional.

3.1. Ley 22/2003, de 9 de julio, Concursal[170]

La publicación de la Ley 22/2003, de 9 de julio, Concursal supuso uno de los procesos de modernización más relevante del ordenamiento jurídico español.

La Ley basaba su procedimiento en los principios de unidad legal, de disciplina y de sistema; siendo su finalidad principal lograr la viabilidad de la entidad, a través del sacrificio común y solidario de los acreedores, basado este último en el principio de *par conditio creditorum.*

Es cierto, y muchos autores[171] así lo han manifestado en sus obras, que la declaración de un concurso generaba unas

---

170 BOE núm. 164, de 10 de julio de 2003, páginas 26.905 a 26.965, TOL275.060.

171 PALOMAR OLMEDA, A., (2012). "El marco general de las entidades deportivas profesionales" en BELTRÁN, E. y PALOMAR OLMEDA, A. (Dirs): *La insolvencia de las Entidades Deportivas Profesionales,*

ventajas respecto al tratamiento de su pasivo; esto es, llevado a término el convenio, su pasivo quedaría menguado y aplazado, en aras a la obtención de esa necesaria y querida viabilidad y continuidad de la entidad concursada. A saber, la continuidad operativa de la entidad se lograba a través del sacrificio de los acreedores, lo que, a su vez, se traducía también en una ventaja competitiva respecto de las demás sociedades que no recurrían a la declaración de concurso y se veían obligadas a cumplir con todas sus obligaciones. No obstante, consciente de dicha ventaja, esta se justificaba por el objetivo de la propia Ley Concursal, que no era otro que mantener el tejido productivo y apostar por la continuidad de la empresa. Argumento que no se compartió y se criticó negativamente cuando el concurso comenzó a ser solicitado por las entidades deportivas.

Como ya se ha expuesto con anterioridad, a finales del siglo pasado y principio de este, la situación financiera que sufría el deporte profesional era grave, y el legislador optó por tomar medidas, tales como la obligatoriedad de conversión en SAD de las entidades deportivas que participaran en competiciones profesionales. Pero esta medida no resultó lo eficaz que esperaban, y aunque las entidades estaban más controladas y eran más transparentes, continuaron teniendo graves problemas de insolvencia, lo que conllevó que, una vez entró en vigor la Ley Concursal, las entidades deportivas acudieran a ella en aras a intentar solventar su situación de crisis financiera.

Thomson Reuters Aranzadi, página 32; CAZORLA GONZÁLEZ-SERRANO, L., MARTÍN FERNÁNDEZ, I., (2011). El Proyecto de reforma de la Ley Concursal 22/2003, de 9 de julio y su incidencia en los clubes Deportivos y Sociedades Anónimas Deportivas desde una perspectiva jurídico-mercantil, *Revista Aranzadi de Derecho Deportivo y Entretenimiento* (32); y CAZORLA GONZÁLEZ-SERRANO, L., (2016). *Derecho mercantil y deporte profesional,* Thomson Reuters- Aranzadi, página 38.

La primera entidad deportiva que fue declarada en concurso fue la Unión Deportiva Las Palmas, SAD. Por ser la primera[172], y porque la que suscribe este trabajo tuvo una participación directa en la misma, se ve interesante ahondar en el detalle de este primer concurso.

Fue el 2 noviembre de 2004, cuando junto con el procurador don Eduardo Briganty Rodríguez, en nombre del acreedor Don José Ignacio Urquijo Goitia[173], solicité la declaración del concurso necesario de la entidad. Con fecha 3 de noviembre de 2004, se dictó auto en que se acordó la admisión a trámite de la solicitud de concurso. Curiosamente, el 4 de noviembre de 2004, la Unión Deportiva Las Palmas, SAD. presentó su propia solicitud de concurso, solicitando que esta fuera de carácter voluntario. Finalmente, el juez don Juan José Cobo Plana, titular del Juzgado de lo Mercantil nº 1 de las Palmas de Gran Canaria, dictó con fecha 5 de noviembre el auto declarando el concurso de carácter necesario de la entidad Unión Deportiva las Palmas, SAD., que se tramitaría por el procedimiento ordinario. Los administradores concursales designados al efecto fueron: don Luis Fernando Cabrera Caraballo, en su calidad abogado; *Price Waterhouse Coopers* (en la persona de don Bernardo Pinazo), en su calidad de auditor de cuentas; y don José Ignacio Urquijo Goitia, como acreedor.

---

172 Su tramitación y su ejecución fueron tremendamente complicadas. Supuso superar multitud de inconvenientes y conflictos y, por primera vez, se rompió con la hegemonía y el poder de las federaciones deportivas, ya que, hasta la fecha, al menos en España, nunca aquellas habían visto tambalear su poder y control sobre el deporte, cuestión que sí pasó con la declaración y tramitación del concurso de la Unión Deportiva Las Palmas, SAD

173 Agente de jugadores y representante, con licencia FIFA nº 11, nacido en Durango (Bizkaia), es un innovador en el tratamiento contractual de los derechos económicos derivados de los derechos federativos de los jugadores.

Los problemas y confrontaciones no tardaron en llegar; y todo como consecuencia del cambio de técnico (entrenador) de la primera plantilla que se llevó a cabo, dados los malos resultados futbolísticos. El juez mediante un auto de 30 de noviembre de 2004 destituyó al entonces entrenador don David Amaral y decidió que su puesto lo ocupara don Carlos Sánchez Aguiar.

Ante el conocimiento de que la RFEF no iba a tramitar la solicitud de licencia a favor de don Carlos Sánchez Aguiar, sin que antes se justificara que los salarios del entrenador destituido estaban íntegramente saldados (como así lo exigía el artículo 245.1 del Reglamento General federativo aprobado por la Comisión Delegada de la Asamblea General), me desplacé, como mandataria de la administración concursal y del Juzgado de lo Mercantil, a la sede de la RFEF para exponer la situación jurídica y judicial en la que se encontraba en esos momentos el club, esto es, que estaba concursada.

En dicha reunión traté de exponer ante la RFEF que era inviable que se pudiera proceder a abonar los salarios adeudados al entrenador, porque se trataban de créditos concursales, y como tales (de acuerdo a la Ley Concursal), la competencia para dirimir respecto de su situación económica y jurídica era del Juez de lo mercantil competente del concurso, de manera exclusiva y excluyente. Por todo ello, se exigió que se tramitara, urgentemente, la ficha federativa necesaria y obligatoria a favor del nuevo entrenador don Carlos Sánchez Aguiar. Lo cierto es, y no es una apreciación subjetiva, que no tomaron con la seriedad que requería todo lo expuesto y solicitado. De hecho, fue necesario que se le requiriera judicialmente a la RFEF la tramitación inmediata de la licencia y ficha federativa del mencionado entrenador, cuestión que se produjo con fecha 10 de diciembre de 2004.

No fue hasta el 17 de diciembre de 2004, cuando la RFEF se comunicó con el club para informarle que se procedería a la expedición de la licencia, si bien le exigía aclaraciones al respecto, ya que lo acordado por el Juzgado era contrario a la normativa deportiva aplicable.

Pero como se ha advertido ese solo fue el primero de los conflictos. El 5 de enero de 2005, después de que se resolvieran las peticiones realizadas por los jugadores ante la Comisión Mixta[174] (evidentemente, todas las reclamaciones interpuestas por los jugadores del club canario no fueron atendidas por el club, dada su situación concursal), se recibió un fax de la RFEF en el que se acordaba suspender todos los derechos federativos y no expedir ni renovar licencias de futbolistas.

Después de diversas comunicaciones entre la administración concursal y la RFEF, que no llegaron a buen puerto, el Juzgado de lo Mercantil se vio en la obligación de dictar un nuevo auto, de 11 de enero de 2005, en el que, en primer lugar, le recordaba a la entidad deportiva federativa que la competencia exclusiva era del Juzgado; y ordenaba la tramitación inmediata de la licencia federativa del entrenador don Carlos Sánchez Aguiar, así como que se expidieran y renovaran todas las licencias de futbolistas en la entidad concursada. Auto que fue, una vez más, desoído, por parte de la RFEF, y que dio lugar a la redacción de un último auto, de 27 de enero de 2005, que por su transcendencia se procede a resumir destacando los puntos más interesantes:

- En primer lugar, destacaba que los clubes de fútbol, siguiendo lo dictado por la entonces vigente Ley del Deporte, debían someterse a las normas generales de las sociedades mercantiles, esto es, a la Ley de Sociedades

---

[174] Institución conformada por miembros de la Liga Nacional de Fútbol Profesional y la Asociación de Futbolistas Españoles (AFE) cuyo objetivo es dirimir los impagos de los clubes a los jugadores, so pena de retirada de licencias federativas en caso de que no se proceda al impago inminente.

Anónimas, al Código de Comercio y, por ende, a la Ley Concursal, ya que no establecía privilegio o diferenciación alguna cuando una sociedad estaba incursa en un procedimiento concursal.

- Negaba la posibilidad a la RFEF a que dictara normas o acuerdos que fueran en contra de la legalidad mercantil de carácter general; de lo contrario, advertía el auto, se estaría actuando al margen del propio ordenamiento jurídico.
- Acusaba a los estamentos federativos de que, con su actitud de negarse, sin justificación ni argumentación a alguna, a tramitar diversas fichas federativas, pretendían obviar la Ley Concursal y forzar a la administración concursal y al mismo Juez a que aprobaran el pago de unos créditos (los de los entrenadores, jugadores y técnicos) antes que otros. Lo que, en palabras del Juez Cobo Plana, se les estaba instando a cometer un ilícito civil, en prejuicio del resto de acreedores, y un delito de prevaricación; todo ello al amparo de unas normas federativas que por ser de inferior rango legal nunca podían prevalecer frente a la Ley Concursal.
- Manifestaba que de persistir la RFEF en su intención de no posibilitar la expedición de las licencias necesarias, esto derivaría en unos claros y objetivos perjuicios patrimoniales que imposibilitarían el ejercicio normal del giro o tráfico del club canario. Todo ello interferiría en la marcha de la empresa, que es finalmente lo que se persigue; e impediría lograr el objetivo finalista de todo procedimiento concursal, el abono de las deudas a los acreedores. Según el criterio del Juzgado, dicha actitud de la RFEF ponía en grave peligro la viabilidad económica del club y el derecho del cobro de los acreedores.
- Y finalmente, añadía que, para el logro de dicha viabilidad, y en consecuencia el pago a los acreedores, era ab-

solutamente imprescindible que el club continuara en las competiciones oficiales. Exponía que de los partidos de fútbol que se disputaran y de los futuros traspasos de los jugadores que se pudieran realizar se obtendrían todos los ingresos que pudieran sufragar no solo los créditos contra la masa, sino también los créditos concursales.

Tras desarrollar toda la argumentación, que por su excelente elaboración se ha optado en resumirla, el Juez acordó lo siguiente:

> *"Debo acordar y acuerdo que si no se dispone de la ficha, licencia y demás requisitos administrativos a favor del entrenador D. Carlos Sánchez Aguiar y de los jugadores de la Unión Deportivas Las Palmas, S.A.D antes de que la Unión Deportiva Las Palmas dispute el partido del domingo día 30 de enero de 2005 se proceda al embargo de los bienes propiedad de la Real Federación Española de Fútbol, así como de los ingresos que pudiera percibir, en la cantidad de 40.000.000 euros, ordenando para ello que se libre la correspondencia comunicación y notificación en su sede sita en Ciudad del Fútbol s/n, Las Rozas (Madrid), embargándose cuantos bienes y cuentas corrientes sean de titularidad de la Real Federación Española de Futbol, aplicándose, para ello, lo dispuesto en los artículo 590 y 591 de la Ley de Enjuiciamiento.".*

Conjuntamente con dicho auto, en la misma fecha, el juez Cobo Plana dictó otro, donde acordó remitir testimonio de todas las actuaciones realizadas hasta dicho momento, por si de los hechos descritos pudieran derivarse responsabilidades penales y/o civiles de la RFEF.

Fue tal la contundencia de la advertencia por parte del Juez, mayormente respecto del embargo de bienes por importe de 40 millones de euros, que ese mismo día la RFEF decidió acordar la tramitación de las licencias requeridas, si bien de forma provisional y expresamente sujetas a las pertinentes decisiones jurisdiccionales que sobre la materia pudiera acordar la propia federación.

A efectos informativos, el concurso del club canario finalizó por haber cumplido el convenio acordado por los acreedores el 17 de diciembre de 2014.

Consecuencia de dicho precedente fueron muchos los clubes que solicitaron la declaración de concurso de acreedores[175].

3.2. Ley 38/2011, de 10 de octubre, de reforma de la Ley Concursal[176], Disposición Adicional 2ª bis

Todo esto fue muy criticado por algunos sectores deportivos, tales como federaciones, jugadores, sindicatos de deportistas, etc., ya que, en su opinión, la prevalencia del Derecho concursal en detrimento de las normas federativas (que garantizaban el cumplimiento de las obligaciones pecuniarias de los deportistas y asociaciones federativas) que regulaban los requisitos para poder acceder a la competición oficial, suponía una alteración del *status quo* de la competición deportiva. Según ellos, el hecho de que clubes concursados no tuvieran que hacer frente a sus obligaciones salariales (por haberse convertidos en créditos contra la masa o créditos concursales) les colocaba en una situación privilegiada respecto de aquellos otros

---

175 Algunos de los clubes de fútbol que se sometieron al procedimiento concursal son los siguientes (la relación que se expone no tiene la intención de ser exhaustiva, sino de plasmar la importancia de la institución en el deporte profesional): Real Spórting de Gijón, S.A.D.; Real Club Celta de Vigo, S.A.D.; Real Zaragoza, S.A.D.; Real Betis Balompié, S.A.D.; Rayo Vallecano de Madrid, S.A.D.; Real Sociedad de Fútbol, S.A.D.; Deportivo Alavés, S.A.D.; Real Club Deportivo de la Coruña, S.A.D.; Real Rácing Club de Santander, S.A.D.; Málaga Club de Fútbol, S.A.D.; Real Club Deportivo Mallorca, S.A.D.; Sevilla Club de Fútbol, S.A.D., entre otros.

176 BOE núm. 245, de 11 de octubre, páginas 106.745 a 106.801, TOL2.245.715.

clubes que participando en la misma competición tenían que cumplir con todas sus obligaciones.

Esta reflexión tuvo su influencia, y algunos juzgados de lo mercantil, los menos, dictaron autos que mantuvieron la aplicación con carácter preferente de las normas especiales del sector deportivo frente al régimen concursal[177].

En resumen, los argumentos que respaldaban las dos vertientes doctrinales confrontadas eran los siguientes:

Por una parte, era aquella que defendía la prevalencia de la normativa concursal respecto de la deportiva. En primer lugar, por jerarquía normativa, al entender que la primera venía regulada por una norma superior, ya que la normativa deportiva se derivaba, mayormente, de los reglamentos y estatutos emanados por entidades de naturaleza privada. Además, porque el procedimiento concursal se basaba en los principios de unidad legal, de disciplina y de sistema, siendo su finalidad principal lograr la viabilidad de la entidad a través del sacrificio común y solidario de los acreedores, basado este último en el principio de *par conditio creditorum.* De tomar en consideración la normativa de participación en la competición aprobada por las federaciones, se estaría dando un trato discriminatorio a los acreedores y, de no hacerlo las sanciones impuestas por aquellas supondría negar la viabilidad y continuidad de la entidad deportiva.

Por su parte, la segunda vertiente doctrinal defendía que la Administración Pública había delegado en las federaciones

---

177 Auto del Juzgado de lo Mercantil núm. 1 de Oviedo, de 19 de julio de 2005, en el concurso del Real Sporting de Gijón, S.A.D. y auto del Juzgado de lo Mercantil núm. 1 de Pontevedra de 4 de julio de 2008, en el concurso del Real Club Celta de Vigo, S.A.D.

y ligas el mandato constitucional de fomentar el deporte[178] a través de organizar las competiciones deportivas, entre otras, las profesionales[179]. Además, que la normativa elaborada por las instituciones deportivas se había elaborado con el fin de mantener y sostener la solvencia y el equilibrio financiero de la competición. Se habían impuesto una serie de requisitos y obligaciones de solvencia de las deudas contraídas por las entidades deportivas como exigencia para la participación en competiciones oficiales. La finalidad de las mencionadas obligaciones era de dotar de solvencia financiera a la competición, con el objeto de evitar que las disfunciones económicas tuvieran consecuencias en la competición. Establecer la obligación de cumplimiento de una serie de obligaciones (pago a jugadores, técnicos e instituciones deportivas) como *conditio sine qua non* para poder continuar su participación en la competición -so pena de sanción de descenso de categoría en la competición-, hacía que todos los clubes participantes en la misma competi-

---

178 Artículo 43.3 de la Constitución española, BOE núm. 311 de 29 de diciembre de 1978, páginas 29.313 a 29.424, TOL173.304, dice lo siguiente:
"*Los poderes públicos fomentarán la educación sanitaria, la educación física y el deporte. (…).*"

179 Art. 3.1.a) del Real Decreto 1835/1991, de 20 de diciembre, sobre Federaciones Deportivas Españolas, BOE núm. 312, de 30 de diciembre de 1991, páginas 41.820 a 41.826, establece lo siguiente:
"*1. Las Federaciones deportivas españolas, además de sus actividades propias de gobierno, administración, gestión, organización y reglamentación de las especialidades deportivas que corresponden a cada una de sus modalidades deportivas, ejercen bajo la coordinación y tutela del Consejo Superior de Deportes, las siguientes funciones públicas de carácter administrativo:*
Calificar y organizar en su caso, las actividades y competiciones oficiales de ámbito estatal.
A estos efectos, la organización de tales competiciones se entiende referida a la regulación del marco general de las mismas, según se establezca en la normativa federativa correspondiente.
(…)".

ción partieran en las mismas condiciones, sin que ninguno se pudiera aprovechar de posibles incumplimientos para invertir más en nuevos fichajes.

La concurrencia de ambas normativas, (por una parte, la concursal, de carácter general y destinada a mantener a la empresa en funcionamiento en casos de insolvencia, junto con la normativa administrativa de regulación de las competiciones deportivas profesionales) ocasionó conflictos jurídicos de difícil solución. Estos se plasmaron en una diversidad de autos judiciales dictados en distintos concursos, que finalmente conllevó a que se produjera una importante inseguridad jurídica.

Todo ello, y primordialmente por la presión y demandas de la Asociación de Futbolistas Españoles y demás instituciones federativas, condujo a que, en la modificación aprobada de la Ley 38/2011, se introdujera una Disposición Adicional 2ª bis, centrada en el régimen especial aplicable a las situaciones de insolvencia de las sociedades deportivas[180].

Parece ser que el legislador, con la inclusión de esta disposición, quería emular lo que ya venía regulado en la Ley Concursal en su Disposición Adicional 2ª, respecto de los concursos de entidades de crédito, o empresas de servicios de inversión. En este caso el legislador entendió, desde un primer momen-

---

180 El tenor literal de dicho precepto es el siguientes:
"*En los concursos de entidades deportivas que participen en competiciones oficiales, se aplicarán las especialidades que para las situaciones concursales prevea la legislación del deporte y sus normas de desarrollo. En todo caso, la sujeción a la presente Ley de dichas entidades no impedirá la aplicación de la normativa reguladora de la participación en la competición.*
El Gobierno, dentro de los seis meses siguientes a la entrada en vigor de la presente Ley, deberá remitir a las Cortes Generales un proyecto de Ley sobre especialidades del tratamiento de la insolvencia de las sociedades y asociaciones deportivas profesionales, calificadas así por la Ley 10/1990, de 15 de octubre, del Deporte, y de los créditos salariales de sus deportistas.".

to, que las empresas pertenecientes a sectores tan importantes para la economía de un Estado, fuertemente reguladas, necesitaban un régimen especial para que la normativa concursal general no entrara directamente en conflicto con la normativa específica de los mencionados sectores económicos.

Volviendo al análisis de la modificación introducida a través de la Disposición Adicional 2ª bis, en el Preámbulo de la Ley que la incorporó, se justificó la necesidad de incluir la nueva disposición en base a los argumentos que se exponen a continuación:

En primer lugar, recordó que fue la propia Unión Europea, a través de su Tratado de Funcionamiento (modificaciones introducidas en el Tratado de Lisboa), la que impuso que se debería contribuir a fomentar los aspectos europeos del deporte, teniendo en cuenta sus características específicas, sus estructuras basadas en el voluntariado y su función social y educativa. Basado en dicho *petitum*, el legislador entendió que se deberían tomar en consideración las características singulares que presentaba el deporte profesional.

Además, se indicó que la disposición incorporada trataba de evitar interferencias indeseables en las competiciones deportivas que pudieran generarse de la aplicación de la normativa concursal general, por no tener en consideración su normativa específica reguladora de las competiciones.

Y, por último, con la incorporación de la Disposición Adicional 2ª bis se pretendía aclarar, ante la disparidad de criterio de los órganos jurisdiccionales en determinados concursos de entidades deportivas, que la sujeción a la Ley Concursal no debería impedir la aplicación de la normativa deportiva que regulaba la competición. Defendía que el principio que rige cualquier competición profesional era el de la paridad entre los competidores; cuestión que debería seguir siendo respetada incluso cuando la entidad deportiva estuviera incursa en un procedimiento concursal. Y añadía que en caso de no atender a la especificidad de la normativa deportiva podría quebrar dicha paridad, lo que conllevaría a que algunos buscaran declararse en concurso para aprovecharse de dicha situación.

Desde la humilde opinión de la que suscribe, esta última declaración por parte del legislador, se considera del todo exagerada y que no es reflejo, en ningún caso de la realidad existente. Además, el legislador posicionó a los juzgados de los mercantil, que admitieron y tramitaron los distintos concursos solicitados, en una situación muy comprometida.

Parece ser, de lo expuesto en el Preámbulo de la Ley, que las entidades deportivas pudieron utilizar el procedimiento del concurso de forma fraudulenta con la aquiescencia de los propios juzgados. No se puede perder de vista, que el procedimiento concursal es un procedimiento fuertemente regulado y que exige el cumplimento de una serie de requisitos que deben ser argumentados y justificados documentalmente. Así mismo, es el juzgado el que declara la situación de concurso, por lo que difícilmente un club puede, por capricho, solicitar una declaración de concurso sin que esté incurso en una situación de insolvencia. Más aún, al legislador parece olvidar, cuando hizo dicha desafortunada afirmación, que del concurso se pueden derivar responsabilidades civiles y penales en contra de los administradores de la entidad, por lo que la solicitud de declaración de concurso es un paso con transcendencia jurídica muy importante para llegar a pensar que un club pueda solicitarlo, para que puntualmente no se proceda a cumplir con determinadas obligaciones. Cosa distinta es que un club, estando en situación de insolvencia, eligiera el momento más adecuado para solicitarlo[181].

---

181 A este respecto, y vuelvo a aportar propias vivencias profesionales, que siendo directora de los servicios jurídicos del Deportivo Alavés, S.A.D., y teniendo adoptada la decisión, así como toda la documentación preparada, se esperó a que terminara la temporada

3.3. Real Decreto Legislativo 1/2020, de 5 de mayo por el que se aprueba el texto refundido de la Ley Concursal[182]

Si bien fue evidente que la intención del legislador era aportar seguridad jurídica a la disparidad interpretativa de los órganos jurisdiccionales, a la hora de tramitar los distintos concursos de acreedores de las entidades deportivas, el resultado final no fue el esperado, y lamentablemente, la modificación introducida a través de la Ley 38/2011, la Disposición Adicional 2ª bis, no tuvo el resultado perseguido[183].

Por una parte, a pesar de que el texto del precepto, en su primer párrafo, exigía que en los concursos de acreedores de las entidades deportivas en competiciones oficiales se aplicaran las especialidades que para las situaciones concursales previera la legislación del deporte y sus normas de desarrollo (y, para ello, mandataba al Gobierno para que confeccionara una ley sobre las especialidades del tratamiento de la insolvencia de las sociedades y asociaciones deportivas profesionales), dicha norma jamás fue llevada a cabo. Consecuencia de ello fue que los juzgados de lo mercantil nunca tuvieron una norma específica que, amparada en las especificidades del deporte profesional, regulara la situación de concurso de las entidades deportivas.

Ante la inexistencia de alguna norma específica, los órganos jurisdiccionales se vieron en la obligación de aplicar lo regulado en la parte final del propio párrafo primero de la

---

2006/2007 y consecuentemente vencieran todas las obligaciones de pago de la temporada para solicitar la declaración del concurso ante el Juzgado de lo Mercantil nº 1 de Vitoria-Gasteiz.

182 BOE núm. 127, de 7 de mayo de 2020, páginas 31.518 a 31.706, TOL7.907.223.

183 CAZORLA GONZÁLEZ-SERRANO, L. y BLEIN CUADRILLERO, A., (2017). "Legislación concursal y deporte" en PALOMAR OLMEDO, A (dir.) y TEROL GÓMEZ, R.: *Derecho del deporte profesional*, Thomson Reuters Aranzadi, páginas 479 y ss.

disposición, donde disponía que, en todo caso, la sujeción a la Ley Concursal de las entidades deportivas no impediría la aplicación de la normativa reguladora de la participación en la competición.

Es notorio que, a pesar de los intentos del legislador, la incorporación de dicha disposición no logró alcanzar los propósitos perseguidos. La redacción tan abstracta e inconcreta de la misma no hizo más que perpetuar la inseguridad jurídica que se pretendía evitar. Los órganos judiciales no encontraron, en la disposición, la claridad suficiente que expusiera cual era la norma de aplicación en cada caso concreto. Todo ello conllevó, de nuevo, a una disparidad de autos con interpretaciones diversas de la norma de aplicación[184].

---

[184] Simplemente con la intención de ejemplificar la inseguridad jurídica que han tenido que enfrentar los distintos juzgados, es interesante mostrar la disparidad de autos que se han dictado. Por una parte, se pueden encontrar resoluciones que entienden que la normativa de la RFEF no puede prevalecer sobre los principios básicos del proceso concursal (la competencia básica y exclusiva del juez del concurso y la *par conditio creditorum*) como son el auto de 17 de julio de 2012 de lo Mercantil nº 3 de Alicante, caso Orihuela Club de Fútbol; auto de 11 de marzo de 2013 del Juzgado de lo Mercantil nº 3 de Madrid, caso Rayo Vallecano de Madrid, S.A.D.; auto del Juzgado de lo Mercantil nº 1 de Jaén, de 4 de julio de 2012, caso Real Jaén Club de Fútbol, S.A.D.; o auto de 11 de marzo de 2013 del Juzgado de lo Mercantil nº 1 de Sevilla, caso Real Betis Balompié, S.A.D. Por otra, se pueden encontrar resoluciones que entienden que la Disposición Adicional 2ª bis hace prevalecer la normativa de la RFEF sobre los principios y normas de la Ley Concursal, como son el auto de 18 de julio de 2012 del Juzgado de lo Mercantil nº 1 de Almería, caso Club Polideportivo Ejido, S.A.D.; o auto de 12 de julio de 2012 del Juagado de lo Mercantil nº 1 de Ciudad Real, caso Club Deportivo Puertollano.

Sorpresivamente, la aprobación de la nueva Ley Concursal[185] no supuso alteración alguna de la situación de incertidumbre generada por la falta de claridad de la norma de aplicación; ni siquiera el legislador aprovechó la ocasión de la publicación de la nueva Ley del Deporte[186] para afrontar tamaño desafío.

La primera se limitó a articular la situación concursal de las entidades deportivas mediante un único artículo, que curiosamente se asemeja muchísimo al texto que recogía la Disposición Adicional 2ª bis de la anterior norma. Sin embargo, en la nueva se renuncia a la elaboración de un texto legislativo que contemple la situación especial de insolvencia de las entidades deportivas, siendo su contenido el siguiente:

> *"Sección 5ª. De las especialidades del concurso de las entidades deportivas*
>
> *Artículo 582. Concurso de entidades deportivas.*
>
> *1. En los concursos de entidades deportivas que participen en competiciones oficiales, se aplicarán las especialidades que para el concurso de acreedores prevea la legislación estatal del deporte y sus normas de desarrollo.*
>
> *2. La declaración judicial de concurso de una entidad deportiva no interrumpirá la continuación de la actividad que viniera ejerciendo ni impedirá la aplicación de la normativa reguladora de la participación de esa entidad en la competición.".*

Respecto de la segunda de las leyes, la nueva Ley del Deporte, apenas regula la situación concursal de las entidades deportivas. En todo su texto, apenas se encuentran referencias al

---

185 Real Decreto Legislativo 1/2020, de 5 de mayo, por el que se aprueba el texto refundido de la Ley Concursal. BOE núm. 217, de 7 de mayo de 2020, páginas 31.518 a 31.706, TOL7.907.223.

186 Ley 39/2022, de 30 de diciembre, del Deporte. BOE núm. 314, de 31 diciembre de 2022, páginas 193.306 a 193.397, TOL9.339.416.

procedimiento concursal; las únicas relevantes (sin intención alguna de ser exhaustivo en el análisis) podrían ser: por una parte, la que contiene el artículo 55[187] cuando regula la prevención de la insolvencia de las federaciones deportivas, que más que regular el procedimiento concursal, dispone las medidas de prevención que debe adoptar cualquier federación deportiva ante la sospecha o consciencia de la probable situación

---

[187] El artículo 55 de la Ley 39/2022, de 30 de diciembre, del Deporte. BOE núm. 314, de 31 diciembre de 2022, páginas 193.306 a 193.397, TOL9.339.416, establece los siguiente:
"*1. La federación deportiva española que se encuentre en situación de probabilidad de insolvencia en los términos definidos por la legislación concursal, deberá ponerlo de inmediato en conocimiento del Consejo Superior de Deportes acompañando informe en el que detallará las causas de esa situación y los medios propios con que cuente para superarla.*
2. Recibida la anterior comunicación y en cualquier otro momento en que el Consejo Superior de Deportes considere que existe probabilidad de insolvencia requerirá a la federación deportiva para que, en el plazo de dos meses, presente un plan de viabilidad con el fin de impedir la insolvencia. Si el Consejo Superior de Deportes considerase insuficiente el plan de viabilidad presentado por la federación podrá proponer, dentro de los diez días siguientes, las modificaciones que estime necesarias o convenientes. El cumplimiento del plan de viabilidad, con o sin las modificaciones introducidas, en su caso, por el Consejo Superior de Deportes y aceptadas por la federación, será vinculante para esta.
3. Desde que tenga lugar esa comunicación de la existencia de la probabilidad de insolvencia o la presentación del plan de viabilidad, la federación deportiva estará obligada a informar mensualmente al Consejo Superior de Deportes de la evolución de la situación.
4. Durante la fase de cumplimiento del plan de viabilidad, la aprobación de presupuestos por parte la federación deportiva española precisará de informe preceptivo y vinculante del Consejo Superior de Deportes.
5. El Consejo Superior de Deportes tendrá las facultades necesarias para determinar si el plan de viabilidad ha sido cumplido y para establecer las consecuencias del incumplimiento de ese plan.
6. En lo no previsto en este artículo se estará a lo establecido en la legislación concursal.".

de insolvencia; y por otra parte, en su Disposición Adicional 16[188] autoriza a las asociaciones y sindicatos de deportistas para representar en los procedimiento concursales a los deportistas profesionales.

De la lectura de la nueva Ley del Deporte parece deducirse que la misma se centra más en las normas reguladores del control económico de los agentes intervinientes en la organización del deporte, que en la propia ordenación de la figura concursal. Parece evidente, que la intención del legislador se focaliza más en la prevención de la insolvencia que en la regulación de sus consecuencias. Para ello, lo que elabora es un escenario en el que las distintas entidades deben realizar un control periódico de sus cuentas financieras bajo la supervisión del Consejo Superior de Deportes.

En cuanto al deber de proveer de información económica de las SAD participantes en competiciones profesionales (art. 64), con la intención de que el análisis no resulte reiterativo, se remite a lo expuesto, a ese respecto, en el anterior Capítulo III.

En relación al control económico general, la Ley delega en el Consejo Superior de Deportes para que este: establezca la obligación de remisión periódica de los documentos e informaciones necesarios para el cumplimiento de los fines perseguidos; ordene la realización de auditorías de cuentas; o

---

188 La disposición adicional 16ª de la Ley 39/2022, de 30 de diciembre, del Deporte. BOE núm. 314, de 31 diciembre de 2022, páginas 193.306 a 193.397, TOL9.339.416, establece los siguiente:
"*Las asociaciones y sindicatos de deportistas con legitimación para negociar convenios colectivos en virtud de lo dispuesto en la disposición adicional tercera de esta ley, podrán representar a las personas deportistas en los procedimientos contemplados en los artículos 171 y 189 del Real Decreto Legislativo 1/2020, de 5 de mayo, por el que se aprueba el texto refundido de la Ley Concursal, cuando el concurso afecte a una entidad que tenga contratadas personas deportistas profesionales.* ".

denuncie al Instituto de Contabilidad y Auditoría de Cuentas y demás órganos de control las eventuales irregularidades en las que hubieran podido incurrir los auditores de las entidades (art. 41).

Por otra parte, la Ley regula, también, el control económico interno que cada federación y liga profesional tienen que llevar a cabo a través de su comisión de control económico designado al efecto, cuya labor deberá ser oportunamente comunicada al Consejo Superior de Deportes (art. 58).

Parece evidente que este cambio, por parte del legislador, de dar más proyección normativa a la prevención y control financiero, es respuesta al cambio que se ha padecido en el deporte profesional, por no decir el fútbol profesional (que quizás es la locomotora económica del deporte profesional) en los últimos años. Las nuevas fuentes de ingresos -como son aquellos provenientes de la cesión de los derechos audiovisuales[189], de la incursión de fondos de inversión extranjera en la Liga

[189] En la actualidad la venta de los derechos audiovisuales se ha convertido en la mayor fuente de ingresos en el área del deporte, y en especial en el ámbito de la modalidad deportiva del fútbol. De hecho, estos últimos fueron regulados mediante el Real Decreto Ley 5/2015, de 30 de abril, de medidas urgentes en relación con la comercialización de los derechos de explotación de contenidos audiovisuales de las competiciones de fútbol profesional (BOE núm. 104, de 1 de mayo de 2015, páginas 37.989 a 38.006, TOL4.848.370). El Gobierno justificó dicha intervención normativa amparándose en tres argumentos: la indiscutible relevancia social del deporte profesional; la reiterada y unánime demanda de dicha intervención desde todos los sectores afectados; y finalmente, la necesidad de promover la competencia en el mercado de la televisión de pago actuando sobre unos de sus activos esenciales. El ámbito de aplicación de la Ley se circunscribe a las retrasmisiones del Campeonato Nacional de Liga de Primera y Segunda División (organizados por la LNFP), de la Copa de S. M. el Rey y de la Supercopa (organizadas por la RFEF). El contenido de la norma gira sobre tres ejes:

profesional, así como de la normativa federativa impuesta por las ligas profesionales de limitación de gasto de las entidades deportivas (el conocido como *Fair Play* financiero)- han dado como resultado que las economías de las entidades profesionales estén más desahogadas y con suficiente solvencia económica para no verse abocadas a tener que solicitar la declaración del concurso de acreedores.

El primero se centra en que a pesar de que la titularidad de los derechos audiovisuales de retransmisión es de los clubes, se impone la obligación de ceder el derecho a comercializarlos a las entidades organizativas, en este caso RFEF y LNFP, dependiendo de la competición, para que estos puedan negociarlos conjuntamente con los adjudicatarios.
El segundo eje sobre el que pivota la norma es el reparto reglado de los ingresos obtenidos con la comercialización conjunta.
Y, por último, como tercer eje, se encuentra la obligación de asunción por parte de los clubes de determinadas contribuciones, con los ingresos obtenidos, para cumplimentar un Fondo de Compensación de las entidades deportivas que, disputando la competición de fútbol profesional, desciendan de categoría; para cubrir políticas de promoción del fútbol aficionado, etc.

Capítulo V

Excepción a la mercantilización en el derecho deportivo

1. INTRODUCCIÓN

Este capítulo se centrará básicamente en el estudio de dos instituciones deportivas en las que la aplicación del Derecho mercantil se ha visto frustrada. Son dos figuras pertenecientes a la modalidad deportiva del fútbol, que por ser la más profesionalizada, es igualmente la más regulada. Concretamente, el análisis se focalizará en la regulación de la propiedad de los derechos económicos de los jugadores por terceros, figura conocida como *Third Party Ownership* (TPO) y la regulación del control económico sobre las entidades deportivas, más conocida como *Fair Play* Financiero. Ambas regulaciones han sido muy controvertidas y han sido objeto de diversos procedimientos judiciales y arbitrales, ya que en ambos casos se ha puesto en duda, o al menos ha sido objeto de debate, si las normativas reguladoras de ambas figuras pueden vulnerar los principios fundamentales del Derecho de la competencia por su regulación.

2. THIRD PARTY *OWNERSHIP*

Para comprender mejor a qué tipo de acuerdos se está haciendo referencia, primero de todo se ve esencial definirlos. Los acuerdos respecto de la propiedad de los derechos económicos derivados de los derechos federativos de un jugador engloban, de forma deliberadamente amplia, a todo un conjunto de operaciones de financiación, generalmente a clubes de fútbol, en las que la financiación concebida obtiene como contraprestación los derechos económicos derivados de los derechos federativos de un jugador de fútbol.

2.1. Derechos económicos: definición

Para poder analizar en detalle el tipo de acuerdo al que se está haciendo referencia es imprescindible, en primer lugar, definir lo que son los derechos económicos derivados de los derechos federativos de un jugador. Para ello, es necesario recordar qué es el derecho federativo de un jugador, que se define como aquel derecho o potestad, que tiene un club, de inscribir a un jugador en una determinada competición oficial organizada por una federación o asociación deportiva para que el jugador lo represente en la misma. Una vez inscrito, la asociación o federación expedirá la pertinente autorización, licencia federativa, a favor del jugador, mediante la cual facultará al jugador a participar en representación de su club en las competiciones de carácter oficial. Tan solo los clubes pueden ser los titulares de los derechos federativos y no pueden ser objeto de división ni fraccionamiento alguno con la finalidad de ser participados por parte de terceros, ya que es un derecho que nace precisamente de la relación entre club y jugador. Derivado de estos derechos federativos, pero con una caracterización subjetiva u obligacional muy diferente, surge la vertiente conocida como derechos económicos derivados de los derechos federativos de los futbolistas[190].

Estos derechos económicos pueden definirse como cualquier tipo de derecho de carácter financiero o económico derivado de la negociación o transferencia de los derechos fede-

190 GONZÁLEZ GARCÍA, S., (2019). "La participación de terceros-inversores dentro del "mercado de fichajes", *Revista Aranzadi de Derecho de Deporte y Entretenimiento* (64).

rativos de un jugador; por tanto, en tanto que es un derecho de carácter patrimonial, desde el punto de vista del Derecho de obligaciones, podrá ser cedido total o parcialmente a un tercero a cambio de percibir una contraprestación económica. Dicho negocio jurídico se representará mediante el oportuno contrato mercantil, que será suscrito por las partes intervinientes[191].

La diferencia fundamental entre los derechos federativos y los derechos económicos derivados de los derechos federativos es que estos últimos sí pueden ser objeto de división para su consiguiente adquisición por parte de un tercero distinto al club; siendo en este caso posible la cotitularidad y copropiedad de los mismos en los porcentajes que las partes acuerden.

Así mismo, todo lo expuesto ha sido ratificado por la jurisprudencia[192] cuando al respecto ha manifestado lo siguiente:

> *"(...) se ha matizado que cabe distinguir entre la faceta federativa (o facultad de inscribir a un jugador en una competición) y la faceta patrimonial (o posibilidad de realizar negocios válidos sobre el contenido económico del derecho de inscripción), con las siguientes conclusiones:*

---

191 Si bien en principio pudiera entenderse que las partes suscribientes del contrato deberían ser, por una parte, el club, propietario de los derechos federativos del jugador (por tanto, también de sus derechos económicos derivados de los mismos) y, por otra parte, el tercero interesado en adquirir dichos derechos económicos en contraprestación a una cantidad de dinero; la doctrina mayoritaria ha exigido que para que dichos contratos de cesión de derechos económicos derivados de los derechos federativos sean válidos, estos también sean suscritos por los jugadores implicados. Laudo del CAS 2004/A/781 *Tacuary FBC v.* Club Atlético Cerro & *Jorge Cyzterszpiler V. FIFA*.

192 STS núm. 1205 (Sala de lo Contencioso), de 24 de marzo de 2014, ECLI:ES:TS:2014:1205.

a. *La titularidad del derecho federativo la ostenta el club o asociación deportiva correspondiente (o, en ciertos casos, el deportista que ha finalizado su contrato con aquellos).*

b. *Es posible realizar negocios jurídicos sobre el contenido patrimonial del derecho federativo por no poder ser calificado dicho derecho como "res extra commercium".*

c. *Tales derechos económicos (derivados de aquellos negocios jurídicos) estarían así configurados como conceptos autónomos, aunque vinculados, con los que ostenta el titular del derecho federativo.".*

2.2. Propiedad de los derechos económicos de jugadores por parte de terceros: Acuerdos Third Party Ownership

2.2.a. Definición

La transformación sufrida en mundo del fútbol profesional en las últimas décadas hizo que los clubes, que hasta entonces se financiaban a través de los ingresos obtenidos del marketing, las quinielas, los abonos, las entradas, de las cesiones de los jugadores e, incluso, de los derechos de televisión, recurrieran a financiación externa para poder seguir siendo competitivos. Para ello, se generó la sucesión de toda una serie de prácticas mercantiles orientadas a la búsqueda de dicha financiación, entre la que se encuentra la formalización de un acuerdo de carácter privado por el que terceros inversores adquirirían un porcentaje sobre los derechos económicos derivados de los derechos federativos de un futbolista. Mediante dicho contrato, el tercero, a cambio del abono de una cantidad (inversión), adquiría el derecho de percibir un porcentaje (el que las partes hubieren acordado) de los beneficios económicos que pudieran obtenerse como consecuencia de una futura operación de traspaso temporal o definitiva de los derechos federativos del jugador, esto es, un porcentaje de sus derechos económicos[193].

Según la doctrina, entre las operaciones TPO pueden distinguirse tres modalidades: en primer lugar, los *Financing* TPO, cuyo objetivo es la participación del tercero (normalmente un fondo de inversión) en el club de fútbol para financiar obligaciones económicas corrientes, ordinarias y regulares, a cambio de un porcentaje de los derechos económicos de uno o varios jugadores; en segundo lugar, se encuentran los *Investment* TPO, mediante el cual el club puede fichar a un jugador determinado y a cambio, el fondo se reserva un porcentaje de los derechos económicos del citado jugador; y, por último, *Recruitment* TPO, donde el fondo de inversión o el tercero abona una cantidad de dinero al jugador, a su familia, a su entorno o a una institución deportiva formadora con el único fin de costear la formación académica y deportiva del jugador o jugadores, a cambio de un porcentaje sobre los derechos económicos que se puedan originar en un futuro como consecuencia de traspasos[194].

2.2.b. Prohibición de los acuerdos *Third Party Ownership*

Dada su constitución mercantil, este tipo de acuerdo sería absolutamente válido dentro del ordenamiento jurídico español. Bajo dicha perspectiva jurídica, este tipo de acuerdo po-

---

193 Estos inversores en ningún caso adquirirían titularidad alguna respecto de los derechos federativos, ya que estos seguirían correspondiendo al club al que pertenezca el jugador.

194 ÁLVAREZ RUBIO, J. J., (2018). "Extensión y límites de la especificidad del deporte: arbitraje deportivo (TAS), normas FIFA sobre TPO y Derecho europeo", *Arbitraje, Revista de Arbitraje Comercial y de Inversiones,* vol. XI, (3) pág. 721.

dría configurarse como un contrato de cesión de crédito futuro o de préstamo con garantía.

Pero el Derecho deportivo, y más en concreto, el Reglamento[195] sobre el Estatuto y Transferencia de Jugadores de la FIFA[196] no lo ha visto así, y actualmente la formalización de dichos acuerdos está absolutamente prohibidos a nivel mundial.

---

195 La versión actual del Reglamento sobre el Estatuto y Transferencia de Jugadores es la aprobada por la FIFA en junio de 2024.

196 La FIFA, fundada en Zúrich en 1904, es una asociación de naturaleza privada, inscrita en el Registro Mercantil del cantón de Zúrich, que se rige por el Código Civil suizo. Los objetivos de la FIFA los regula el artículo 2 de sus Estatutos, y son los siguientes:
Mejorar constantemente el fútbol y promoverlo en todo el mundo, considerando su carácter universal, educativo y cultural, así como sus valores humanitarios, particularmente mediante programas juveniles y de desarrollo.
Organizar competiciones internacionales propias.
Elaborar disposiciones y reglamentos rectores del fútbol y de todo aquello relacionado con este deporte y garantizar su aplicación.
Controlar todas las formas de fútbol, adoptando las medidas adecuadas para evitar la violación de los Estatutos, reglamentos y decisiones de la FIFA, así como de las reglas de juego.
Hacer todo lo posible por garantizar que todos aquellos que quieran practicar este deporte lo hagan en las mejores condiciones, independientemente del género o la edad.
Fomentar el desarrollo del fútbol femenino y la participación de las mujeres en todos los niveles de gobernanza del fútbol.
Promover la integridad, el comportamiento ético y la deportividad con el fin de impedir que ciertos métodos o prácticas, tales como la corrupción, el dopaje o la manipulación de partidos, pongan en peligro la integridad de partidos, competiciones, jugadores, oficiales y federaciones miembro o den lugar a abusos en el fútbol asociación.
Entre sus principios rectores, la FIFA destaca el compromiso de respeto de los derechos humanos manifestando su esfuerzo por garantizarlos; a este respecto, prohíbe toda discriminación de cualquier país, individuo o grupo de personas por cuestiones de raza, color de piel, origen étnico, nacional o social, género, discapacidad, lengua,

El establecimiento de dicha prohibición total se puede decir que es relativamente reciente, ya que la regulación de los TPO ha sufrido varias modificaciones hasta llegar a la actual.

Esta imposición ha sido consecuencia de determinados hechos que han llevado a que la FIFA establezca dicha prohibición que, por otra parte, ha sufrido una evolución y un desarrollo adaptándose a las nuevas circunstancias de cada momento. Se pueden distinguir tres etapas: la primera, la previa a 1998; la segunda, caso Tévez y Mascherano (inclusión del artículo 18bis); y la tercera, 2015, novación del artículo 18bis e inclusión del artículo 18ter.

---

religión, posicionamiento político o de cualquier índole, poder adquisitivo, lugar de nacimiento o procedencia, orientación sexual o por cualquier otra razón, so pena de sancionar al infractor con la suspensión incluso expulsión de la Federación.

En la actualidad la FIFA se compone de 211 asociaciones o de federaciones deportivas y todas aquellas pertenecientes al mismo continente formarán, a su vez, confederaciones reconocidas por la FIFA, como las siguientes: la Confederación Sudamericana de Fútbol (CONMEBOL); la Confederación Asiática de Fútbol (AFC); la Unión de Asociaciones Europeas de Fútbol (UEFA); la Confederación Africana de Fútbol (CAF); la Confederación de Fútbol de Norteamérica, Centroamérica y el Caribe (CONCACAF) y la Confederación de Fútbol de Oceanía (OFC).

Entre las obligaciones de cada una de las federaciones miembro se puede mencionar la de observar en todo momento los Estatutos, los reglamentos, las disposiciones y las decisiones de los órganos de la FIFA, así como la de reconocer y acatar las resoluciones del Tribunal de Arbitraje Deportivo (órgano independiente ante el cual se interponen los recursos contra los fallos adoptados en última instancia por la FIFA).

2.2.b.1. Primera etapa. Previa a 1998

Ni el Reglamento sobre el Estatuto y Transferencia de Jugadores (RETJ) de 1997 ni el de 2001 regularon nada en absoluto respecto la posibilidad de que terceros pudieran obtener la propiedad de los derechos económicos de los jugadores. Durante dicho periodo los acuerdos relativos a la cesión de los derechos económicos fueron ignorados por la FIFA, y aceptados por los juristas especialistas en el Derecho deportivo y por el propio Tribunal de Arbitraje del Deporte[197], siempre que estos acuerdos cumplieran con dos condiciones: la primera, que el

[197] El Tribunal de Arbitraje Deportivo, más conocido como *Court of Arbitration for Sport* (CAS) o como *Tribunal de Arbitral du Sport* (TAS), se creó a principios de la década de 1980 por decisión del entonces Presidente del Comité Olímpico Internacional (COI), don Juan Antonio Samaranch, como consecuencia del gran número de disputas internacionales relacionadas con el deporte y la ausencia de una autoridad independiente especializada en la resolución de las mismas. La idea era crear una jurisdicción arbitral dedicada a resolver disputas directa o indirectamente relacionadas con el deporte. En 1983, el COI ratificó oficialmente los Estatutos del CAS (que fueron acompañados por un conjunto de Reglamentos de procedimiento) que entraron en vigor el 30 de junio de 1984.
Como consecuencia de la Sentencia del Tribunal Federal Suizo de 15 de marzo de 1993, se inició una importante reforma, ya que, si bien esta reconoció al CAS como un verdadero tribunal de arbitraje que ofrecía suficientes garantías de independencia y objetividad para que sus laudos tuvieran igual consideración que las sentencias y pudieran ser firmes y obligatorias; también mostró ciertas reservas al destacar los numerosos vínculos que existían entre el Tribunal y el COI. La reforma se centró en la revisión completa de los Estatutos y el Reglamento del CAS para hacerlos más eficientes; en la modificación de la estructura de la institución (para hacerlo definitivamente independiente de la COI que lo había patrocinado desde su creación); y en la creación del Consejo Internacional de Arbitraje para el Deporte (CIAS), para velar por el funcionamiento y la financiación del CAS, y de ese modo ocupar el lugar del COI.

club cedente de los derechos económicos del jugador fuera el único titular de sus derechos federativos; y la segunda, que el jugador prestara explícitamente su consentimiento en dicho acuerdo.

Fueron varios los casos en los que el Tribunal de Arbitraje tuvo la oportunidad de manifestarse al respecto, entre ellos, el primero, el caso del jugador Martín Posse, CAS 2004/A/635, RCD Espanyol de Barcelona, SAD v. Club Atlético Vélez Sarsfield, de 27 de enero de 2005[198]. En este caso la Formación ar-

---

Desde el 22 de noviembre de 1994, el Código de arbitraje deportivo ha regido la organización y los procedimientos de arbitraje del CAS, siendo objeto de varias modificaciones.
El CAS está dividido en dos Cámaras, la ordinaria (para resolver conflictos deportivos en mediación) y la de apelación (para resolver conflictos concernientes a las decisiones adoptadas por federaciones, asociaciones u otros organismos deportivos). Para cada procedimiento se constituirá una Formación formada por árbitros (3 o 1 depende de cada caso) elegidos por las partes. La Ley aplicable será aquella escogida por las partes o en su defecto aquella que la formación del Tribunal arbitral entienda que sea más adecuada, quedando el Derecho suizo como subsidiario en cada caso. Los laudos dictados por el Tribunal arbitral serán ejecutables en 159 Estados que han suscrito de la Convención de Nueva York de 10 de junio de 1958 sobre el Reconocimiento y la Ejecución de las Sentencias Arbitrales Extranjeras, entre ellos España, mediante el Instrumento de Adhesión de España al Convenio sobre reconocimiento y ejecución de sentencias arbitrales extranjeras, hecho en Nuevas York el 10 de junio de 1958 (BOE núm. 164, de 11 de julio de 1977, pág. 15.511 a 15.512, TOL24.704.

198 Los antecedentes del caso son los siguientes: Martín *Posse*, de nacionalidad argentina, suscribió con el club también argentino Club Atlético Vélez Sarsfield un contrato laboral, el 18 de marzo de 1998, cuya duración se extendía hasta el 30 de junio de 2000. Con fecha 4 de agosto de 1998, el club argentino suscribió un contrato de cesión de derechos económicos (el contrato se refería a derechos económicos, federativos y deportivos, si bien el Tribunal Arbitral consi-

bitral reconoció como una transacción de carácter mercantil, legalmente válida, aquella en la que un club que tuviera un contrato de trabajo con un jugador cedía, con el consentimiento del jugador, los derechos contractuales de este a otro club a cambio de una suma de dinero u otra consideración, los llamados derechos económicos. Según el Tribunal, mientras que la propiedad de los derechos federativos no estuviera dividida entre distintos titulares, los derechos económicos, mediante el oportuno contrato mercantil, podrían ser cedidos parcialmente y, como consecuencia, ser divididos entre distintos propietarios, siempre y cuando existiera el consentimiento expreso por parte del jugador.

---

deró que se refería únicamente a los derechos económicos) con el club RCD Espanyol de Barcelona, SAD, por el cual el club argentino cedía al español el 50 % de los derechos económicos en contraprestación de 4.500.000 $. Así mismo, se pactaba una cesión temporal del jugador al club español para la temporada 1998/1999. Dicha cesión temporal fue prorrogada por una temporada más, esto es, 1999/2000 por el precio de 500.000 $ y una segunda, 2000/2001 de forma gratuita. El 31 de julio de 2000, el club argentino suscribió un nuevo contrato con el jugador, por una temporada, con el derecho unilateral por parte del club de opción de prórroga por dos temporadas más. El jugador denunció que dicho contrato lo suscribió engañado y siguió militando en el club español hasta la temporada 2005/2006, sin que el club abonara nada al Club Atlético Vélez Sarsfield. Finalmente, después de acudir a las instancias jurisdiccionales de la FIFA, el caso recayó en el Tribunal Arbitral del Deporte y sancionó al RCD Espanyol de Barcelona, SAD a abonar al Club Atlético Vélez Sarsfield la cantidad de 500.000 €, como contraprestación de la cesión temporal del jugador, realizado durante las temporadas 2001/2002 y 2002/2003.

2.2.b.2. Segunda etapa. Caso Tévez y Mascherano: inclusión del artículo 18bis al Reglamento sobre el Estatuto y Transferencia de Jugadores

Con fecha 29 de octubre de 2007, el Comité Ejecutivo de la FIFA decidió, entre otros asuntos, incluir en el Reglamento sobre el Estatuto y Transferencia de Jugadores un nuevo apartado, el quinto, que constaba de un único artículo, el 18bis (que entró en vigor el 1 de enero de 2008) y establecía lo siguiente:

> *"V. INFLUENCIA DE TERCEROS*
>
> *Art. 18bis Influencia de terceros en los clubes*
>
> *1. Ningún club concertará un contrato que permita a cualquier parte de dicho contrato, o a terceros, asumir una posición por la cual pueda influir en asuntos laborales y sobre transferencias relacionados con la independencia, la política o la actuación de los equipos del club.*
>
> *2. La Comisión Disciplinaria de la FIFA podrá imponer sanciones disciplinarias a los clubes que no cumplan las obligaciones estipuladas en este artículo.".*

Para poder entender este cambio de política de la FIFA, en relación a los acuerdos TPO -esto es, de ignorarlos a pasar a establecer limitaciones a la posible influencia de terceros-, es necesario exponer el caso que fue la causa que originó dicho cambio, ya que su transcendencia fue de tal magnitud que obligó a la FIFA a que, por primera vez, se pronunciara al respecto y tomara la decisión de regularlos; se trata del caso Tévez y *Mascherano.*

En 2004, el club brasileño *Sport Club Corintinians Paulista* firmó un acuerdo de financiación con la mercantil *Media Sport Investment* (cuyo accionista mayoritario era don *Kia Joorabchian)* en el que se comprometía el primero a cederle a la última el 51 % de los beneficios que obtuviera en los siguientes 10 años a cambio de 35 millones de euros. La práctica totalidad de lo obtenido por el club brasileño se invirtió en los fichajes de don Carlos Tévez, del Club Atlético Boca Juniors y de don Javier *Mascherano*, del Club Atlético River Plate. Después de una inmejorable temporada, fueron varios los equipos europeos quienes se interesaron en ambos jugadores, entre ellos, el *Chelsea F.C.* o el *Manchester United, F.C.*. Pero para sorpresa de todos, el 31 de agosto de 2006, fueron traspasados al *West Ham United*, equipo del este de Londres que, si bien competía en la *Premier League*, sus aspiraciones se limitaban a no descender de categoría. El acuerdo de ambos traspasos fue beneficioso tanto para el club brasileño como para la mercantil *Media Sport Investment*, no así para los jugadores, ya que el nivel competitivo del club inglés distaba mucho del nivel de los referidos jugadores. Ante la situación la Asociación Inglesa de Fútbol (*The Football Association)* decidió intervenir e investigar los procedimientos por los cuales dichos traspasos se habían hecho efectivos; y concluyó que la mercantil *Media Sport Investment*, a través de los contratos suscritos, había podido obligar y forzar al *Sport Club Corintinians Paulista* a vender a los jugadores, lo que suponía un acto ilícito. El 27 de abril de 2007 el *West Ham United* fue condenado por la Asociación Inglesa de Fútbol a la mayor sanción impuesta hasta entonces, esto es, a 5,5 millones de libras esterlinas por infracción de la normativa inglesa relativa a los traspasos[199].

---

[199] Esta no fue la única sanción que percibió el club inglés como consecuencia de dichos traspasos, ya que posteriormente también fue sancionado a pagar al *Sheffield United* 15 millones de libras esterlinas. Los hechos objeto de dicha controversia se retrotraerían a la última jornada de la temporada 2006/2007 cuando se disputó el partido entre ambos clubes donde el *Sheffield United* se jugaba el descenso de categoría, descenso que se materializó como consecuencia de tres goles fundamentales de Tévez (jugador que había sido objeto de un traspaso ilícito).

Fue este caso el que llevó a la FIFA a modificar su reglamento y a incorporar el referido artículo 18bis.

2.2.b.3. Tercera etapa. 2015: novación del artículo 18bis e inclusión del artículo 18ter al Reglamento sobre el Estatuto y Transferencia de Jugadores

A pesar de que la FIFA introdujo el artículo 18bis para limitar la influencia de terceros en los asuntos laborales de los jugadores o sobre transferencias que pudieran llevarse a cabo; para muchos, dicha medida no fue suficiente, entre ellos, la *Union of European Football Association* (UEFA). Esta mostró su oposición al hecho de que terceros pudieran ostentar la propiedad u otro tipo de derechos sobre los derechos económicos de futbolistas desde el momento en que comenzó a generalizarse esta práctica. Fue una de las organizaciones que más presionó a la FIFA para que adoptara medidas más restrictivas, ya que las impuestas no conseguían el fin que perseguían por ser muy vagas y abstractas en su contenido.

La UEFA realizó una modificación de su Reglamento de Juego Limpio Financiero, que más adelante se analizará sucintamente, ante el creciente impacto de los acuerdos TPO que, aunque no implicaba una prohibición de dicha práctica, sí lograba una mayor transparencia al asegurar que el recurso a los TPO no era utilizado para eludir parámetros del juego limpio financiero.

Finalmente, ante la presión ejercida de diversos agentes, entre ellos, la mencionada UEFA, la FIFA, a través de su Comité Ejecutivo, en su sesión del 25 y 26 de septiembre de 2014, tomó una decisión, en principio, general sobre el modo de regular la prohibición de la propiedad de los derechos económicos de jugadores por parte de terceros. Y en su sesión del 18 y 19 de diciembre de 2014, este mismo Comité aprobó las nuevas disposiciones sobre el TPO y sobre la influencia de terceros en los clubes que posteriormente se incluyeron en el Reglamento sobre el Estatuto y Transferencia de Jugadores, que entraron en vigor el 1 de enero de 2015. De todo ello, la FIFA informó a través de su Circular nº 1464, de 22 de diciembre de 2014, denominada Reglamento sobre el Estatuto y la Transferencia de Jugadores: propiedad de los derechos económicos de jugadores por parte de terceros (TPO).

Entre las novedades introducidas en el RETJ, se incluyó en su apartado de Definiciones, el término "tercero" que lo define así:

> *"14. Tercero: parte ajena al jugador siendo traspasado, a los dos clubes entre los cuales se traspasa al jugador, o a cualquiera de los clubes anteriores en los que el jugador estuvo inscrito previamente.".*

Por otra parte, se modificó el artículo 18bis y se incorporó el artículo 18ter, quedando el apartado V, tal como se conoce en la actualidad y regulando lo siguiente:

> *"18 bis Influencia de terceros en los clubes*
>
> *1. Ningún club concertará un contrato que permita al/los club(es) contrario(s) y viceversa o a terceros, asumir una posición por la cual pueda influir en asuntos laborales y sobre transferencias relacionadas con la independencia, la política o la actuación de los equipos del club.*
>
> *2. La Comisión Disciplinaria de la FIFA podrá imponer sanciones disciplinarias a los clubes que no cumplan las obligaciones estipuladas en este artículo.*
>
> *18ter Propiedad de los derechos económicos de jugadores por parte de terceros.*
>
> *1. Ningún club o jugador podrá firmar un contrato con un tercero que conceda a dicho tercero el derecho de participar, parcial o totalmente, del valor de un futuro traspaso de un jugador*

de un club a otro, o que le otorgue derechos relacionados con futuros fichajes o con el valor de futuros fichajes.

2. La prohibición del apdo. 1 entrará en vigor el 1 de mayo de 2015.

3. Los contratos que se vean afectados por el apartado 1, suscritos con anterioridad al 1 de mayo de 2015, seguirán siendo válidos hasta su fecha de vencimiento contractual. Sin embargo, no se podrá prolongar su vigencia.

4. La duración de los acuerdos contemplados en el apartado 1, suscritos entre el 1 de enero de 2015 y el 30 de abril de 2015, no podrá exceder de un año a partir de la fecha de su entrada en vigor.

5. A finales de abril de 2015, todos los contratos en vigor afectados por el apdo. 1 deberán registrarse en el TMS. Todos los clubes que hayan firmado este tipo de contratos deberán cargarlos íntegramente –incluyendo posibles anexos y enmiendas – en el TMS, especificando los datos del tercero involucrado, el nombre completo del jugador y la duración del contrato.

6. La Comisión Disciplinaria de la FIFA podrá imponer medidas disciplinarias a los clubes y jugadores que no cumplan las obligaciones estipuladas en este artículo.".

Resumiendo, se prohíbe a los clubes y jugadores firmar un contrato con un tercero que le conceda el derecho a participar del valor del traspaso del jugador o que le otorgue derechos relacionados con futuros traspasos[200].

---

200 GONZÁLEZ GARCÍA, S., (2019). "La participación de terceros-inversores dentro del "mercado de fichajes"", *Revista Aranzadi de Derecho de Deporte y Entretenimiento,* (64).

La validez de tal prohibición ha sido y es muy discutida por la doctrina[201] y por muchas instituciones deportivas[202]; de hecho, ha sido objeto de distintos litigios. Quizás, el más destacado de todos ellos haya sido la disputa entre el *RFC Seraing* y la FIFA, que teniendo su origen en una resolución de la FIFA ha involucrado a distintas instancias jurisdiccionales deportivas y ordinarias. A este respecto, merece la pena analizar el laudo elaborado por el Tribunal Arbitral de Deporte, TAS 2016/A/4490, *RFC Seraing* c. FIFA, de 9 de marzo de 2017, porque realiza un estudio metódico y pormenorizado de los posibles conflictos que se pudieran generar entre la norma reglamentaria del REJT y preceptos y disposiciones esenciales del Derecho comunitario.

---

201 NADAL CHARCO, M., (2017). "La legalidad e idoneidad de la prohibición de los TPO según TAS (TAS 2016/A/4490 RFC Seraing c. FIFA) en el fútbol", *Revista Aranzadi de Derecho de Deporte y Entretenimiento* (57) pág. 417-431 y ÁLVAREZ RUBIO, J. J., "Extensión y límites de la especificidad del……", *loc. cit.*, pág. 703-734.

202 A principio del 2015, las Ligas de Fútbol Profesional Española y Portuguesa interpusieron una denuncia ante la Dirección General de Competencia de la Comisión Europea alegando que la prohibición de ceder los derechos económicos derivados de los derechos federativos a una tercero, distinto de una asociación deportiva o club, trasgredía la normativa de libre competencia de la Unión Europea, así como derechos fundamentales que afectaba al empleo, la libre circulación de capitales y libre competencia. La Comisión Europea, en decisión adoptada en 2017, estimó no incoar expediente sancionador alguno contra la FIFA por entender que la medida adoptada por esta era proporcional al fin que perseguía.

2.3. Posible vulneración del Derecho comunitario: análisis del laudo del TAS 2016/A/4490, RFC Seraing c. FIFA, de 9 de marzo de 2017

Los hechos origen del conflicto son los siguientes: el 30 de enero de 2015, el club belga *RFC Seraing* suscribió un contrato de colaboración con la mercantil maltesa *Doyen Sports Investment Limited,* mediante el cual el club cedía el 30 % de los derechos económicos de tres jugadores; en contraprestación la mercantil abonaría la cantidad de 300.000 €. Dicho acuerdo no fue remitido a la FIFA, a pesar de que los artículos 18 bis y 18 ter ya estaban en vigor. El 4 de mayo de 2015, la FIFA requirió al club belga, a través de su asociación nacional, que aportara copia de todos los contratos de colaboración que tuviera suscritos con terceros, requerimiento que no se atendió hasta el 9 de julio de 2015. Casualmente, ese mismo día, el club suscribió, por un lado, un contrato de trabajo con un jugador libre de nacionalidad portuguesa; y por otro, otro contrato con la mercantil maltesa en el que cedía el 25 % de los derechos económicos del jugador portugués recién fichado, a cambio de 50.000 €.

El club para obtener la licencia del jugador -documento habilitante para poder participar en cualquier competición oficial- tuvo que solicitar el registro del jugador portugués a la FIFA a través del *Transfer Matching System* (TMS)[203], donde

203 El TMS, que entró en vigor el 1 de octubre de 2010, fue creado para asegurar y aumentar la transparencia (y así, fortalecer la credibilidad y el prestigio de todo el sistema de transferencias) en los traspasos internacionales; mediante este sistema las asociaciones deportivas logran mayor cantidad de información sobre cada transferencia. Entre sus objetivos se encuentran los siguientes: asegurar que las autoridades deportivas tengan más información disponible respeto de las transferencias; ayudar a salvaguardar la protección de los jugadores menores de edad; ayudar a los clubs a formalizar las

incluyó el contrato laboral y el contrato de participación de los derechos económicos del jugador. La FIFA, tanto su Comisión Disciplinaria, el 4 de septiembre de 2015, como como su Comité de Apelación, el 7 de enero de 2016, entendió que el club belga había incurrido en sendas infracciones de los artículos 18 bis y 18 ter del Reglamento sobre el Estatuto y Transferencia

---

transferencias de forma más fácil y rápida; proporcionar una mayor transparencia financiera distinguiendo el concepto de cada pago que se realiza; y asegurar que los clubes formadores son debidamente compensados. Si bien en sus inicios solo era aplicable a los traspasos internacionales de jugadores profesionales varones, a partir del 1 de enero de 2018, fue requisito obligatorio de utilización del TMS en las transferencias internacionales de jugadoras profesionales. En la actualidad, con las modificaciones introducidas mediante la circular nº 1679, antes referida, el uso del TMS se circunscribirá, según el artículo 1.5 del Anexo 3, a:

"*1 Ámbito*

E*l uso del TMS es requisito obligatorio para toda transferencia internacional de jugadores profesionales y aficionados (hombres y mujeres) de fútbol once, y toda inscripción de estos jugadores que se realice sin utilizar el TMS se considerará nula. En los siguientes artículos del presente anexo, el término "jugador" se referirá a jugadores y jugadoras de fútbol once. El término "transferencia internacional" se referirá en este anexo exclusivamente a la transferencia de dichos jugadores entre asociaciones.*".

El TMS es un sistema de almacenamiento de datos basado en la web que administra y realiza el seguimiento de las transferencias internacionales simplificando su procedimiento. En caso de que se realice una transferencia internacional sin existir acuerdo de transferencia (al entender que el jugador está libre), el nuevo club deberá enviar información específica y cargar en el TMS los documentos relacionados con la transferencia que permitan a su asociación nacional solicitar el Certificado de Transfer Internacional (CTI) a la asociación nacional anterior donde el jugador estaba inscrito. En caso de que se realice una transferencia internacional mediante acuerdo de transferencia, serán los dos clubes involucrados, de forma independiente, los que deberán enviar información específica y cargar en el TMS los documentos relacionados con el traspaso.

de Jugadores, por lo que le impuso una sanción económica por importe de 150.000 Francos suizos, además de una sanción deportiva por la que se le prohibía inscribir a jugadores durante cuatro periodos de inscripción consecutivos.

Las resoluciones fueron recurridas ante el Tribunal Arbitral de Deporte por el club belga, por entender que las sanciones impuestas eran ilegales. Según la parte recurrente las sanciones impuestas eran consecuencia de la aplicación de los artículos 18 bis y 18 ter, que a su entender también eran ilegales por ser contrarias al Derecho comunitario, al Derecho suizo y también a la Convención Europea de los Derechos Humanos.

En esta ocasión, no como en otras ocasiones, la Formación optó por realizar un examen exhaustivo de las alegaciones planteadas por el club belga, y verificar si los artículos señalados se ajustaban o no a Derecho desde distintas perspectivas.

La primera analizó los artículos del RETJ en relación con las libertades garantizadas por el Derecho comunitario, concretamente: con la libertad de circulación de capitales; con la libertad de circulación de los trabajadores; con la libertad de prestación de servicios; con la libertad profesional y el derecho a trabajar; con la libertad de empresa; así como con las normas sobre la competencia regulados en el Tratado de Funcionamiento de la Unión Europea.

La segunda perspectiva de análisis fue en relación con las disposiciones de la Convención Europea de los Derechos Humanos.

La tercera, respecto al respecto de dichas disposiciones de la federación internacional a las disposiciones del Derecho suizo.

Y la última, en relación a la propia doctrina del Tribunal Arbitral de Deporte.

A los efectos del presente análisis, y porque si no excedería del propósito de la presente obra, únicamente se expondrá el planteamiento realizado desde el punto de vista de la posible vulneración del Derecho comunitario.

2.3.a. Libertad de circulación de capitales

Respecto de la libertad de circulación de capitales (art. 63 TFUE)[204], la Formación reconoció que tanto el artículo 18 bis como el 18 ter establecían una clara restricción a la libertad de circulación de capitales. Sin embargo, consideró que en ningún caso esta era discriminatoria ya que se aplicaba a todos, sin distinción alguna.

Por otra parte, el laudo recogía que a pesar de ser una medida limitativa, esta perseguía un objetivo legítimo y se encontraba justificada por razones de interés general, como eran: preservar la estabilidad de los contratos de los jugadores; garantizar la independencia y autonomía de clubes y jugadores en fichajes y transferencias; salvaguardar la integridad en el fútbol y la naturaleza justa y equitativa de las competiciones; prevenir conflictos de interés; y mantener la transparencia en las transacciones relacionadas con las transferencias de jugadores. Asimismo, el Tribunal añadió que los acuerdos TPO generaban diversos riesgos, entre ellos, aquellos relacionados con la opacidad de inversiones que escapaban del control de los

---

[204] Art. 63 del Tratado de Funcionamiento de la Unión Europea, DOUE C-83, de 30 de marzo de 2010, TOL2.435.089, dice lo siguiente:
"*1. En el marco de las disposiciones del presente capítulo, quedan prohibidas todas las restricciones a los movimientos de capitales entre Estados miembros y entre Estados miembros y terceros países.*
2. En el marco de las disposiciones del presente capítulo, quedan prohibidas cualesquiera restricciones sobre los pagos entre Estados miembros y entre Estados miembros y terceros países.".

organismos reguladores del fútbol; riesgos a que se pudiera atacar la libertad profesional y los derechos de los jugadores al poder influir con un interés especulativo; y/o peligro a que se generara conflicto de intereses, e incluso, manipulación de partidos.

Finalmente, la Formación afirmó que dicha restricción era proporcional en la medida en que se limitaba únicamente a prohibir los acuerdos TPO y no otras formas de inversión que se pudieran llevar a cabo en favor de los clubes. Por todo ello, el Tribunal arbitral entendió que las restricciones a la libertad de circulación de capitales resultantes de los artículos 18 bis y 18 ter del RETJ estaban justificadas y adaptadas para el logro de los objetivos legítimos perseguidos por esas medidas.

2.3.b. Libertad de circulación de trabajadores y libertad de prestación de servicios

Respecto a la libertad de circulación de los trabajadores (art. 45 TFUE[205] y art. 15 de la Carta de los Derechos Funda-

---

[205] Art. 45 del Tratado de Funcionamiento de la Unión Europea, DOUE C-83, de 30 de marzo de 2010, TOL2.435.089, dice lo siguiente:
"*1. Quedará asegurada la libre circulación de los trabajadores dentro de la Unión.*
2. La libre circulación supondrá la abolición de toda discriminación por razón de la nacionalidad entre los trabajadores de los Estados miembros, con respecto al empleo, la retribución y las demás condiciones de trabajo.
3. Sin perjuicio de las limitaciones justificadas por razones de orden público, seguridad y salud públicas, la libre circulación de los trabajadores implicará el derecho:
a) de responder a ofertas efectivas de trabajo;
b) de desplazarse libremente para este fin en el territorio de los estados miembros;

mentales de la UE[206]) y la libertad de prestación de servicios (art. 56 TFUE[207] y art. 16 de la Carta de los Derechos Fundamentales de la UE[208]) el Tribunal arbitral advirtió que realmente los preceptos objeto de litigio, no tenían un impacto real en

---

c) de residir en uno de los Estados miembros con objeto de ejercer en él un empleo, de conformidad con las disposiciones legales, reglamentarias y administrativas aplicables al empleo de los trabajadores nacionales;
d) de permanecer en el territorio de un Estado miembro después de haber ejercido en él un empleo, en las condiciones previstas en los reglamentos establecidos por la Comisión.
4. Las disposiciones del presente artículo no serán aplicables a los empleos en la administración pública.".

206 Art. 15 de la Carta de los Derechos Fundamentales de la Unión Europea, DOCE C-364, de 18 de diciembre de 2000, TOL131.225, dice lo siguiente:
"*1. Toda persona tiene derecho a trabajar y a ejercer una profesión libremente elegida o aceptada.*
2. Todo ciudadano de la Unión tiene la libertad de buscar un empleo, de trabajar, de establecerse o de prestar servicios en cualquier Estado miembro.
3. Los nacionales de terceros países que estén autorizados a trabajar en el territorio de los Estados miembros tienen derecho a unas condiciones laborales equivalente a aquellas que disfrutan los ciudadanos de la Unión.".

207 Artículo 56 del Tratado de Funcionamiento de la Unión Europea, DOUE, C-83 de 30 de marzo de 2010, TOL2.435.089, dice lo siguiente:
"*En el marco de las disposiciones siguientes, quedarán prohibidas las restricciones a la libre prestación de servicios dentro de la Unión para los nacionales de los Estados miembros establecidos en un Estado miembro que no sea el del destinatario de la prestación.*
El Parlamento Europeo y el Consejo, con arreglo al procedimiento legislativo ordinario, podrán extender el beneficio de las disposiciones del presente capítulo a los prestadores de servicios que sean nacionales de un tercer Estado y se halles establecidos dentro de la Unión.".

208 Artículo 16 de la Carta de los Derechos Fundamentales de la Unión Europea, DOCE C-364, de 18 de diciembre de 2000, TOL131.225, dice lo siguiente:
"*Se reconoce la libertad de empresa de conformidad con el Derecho comunitario y con las legislaciones y prácticas nacionales.".*

dichas libertades, y el poco que tuvieran estaba justificado por perseguir los objetivos legítimos antes referidos.

2.3.c. Derecho de la competencia

Respecto al Derecho a la competencia, la Formación reconoció a la FIFA como una asociación de empresas en el sentido del artículo 101 del TFUE[209], ya que esta está constituida por

---

209 Art. 101 del Tratado de Funcionamiento de la Unión Europea, DOUE C-83, de 30 de marzo de 2010, TOL2.435.089, dice lo siguiente:
"*1. Serán incompatibles con el mercado interior y quedarán prohibidos todos los acuerdos entre empresas, las decisiones de asociaciones de empresas y las prácticas concertadas que puedan afectar al comercio entre los Estados miembros y que tengan por objeto o efecto impedir, restringir o falsear el juego de la competencia dentro del mercado interior y, en particular, los que consistan en:*
fijar directa o indirectamente los precios de compra o de venta u otras condiciones de transacción;
limitar o controlar la producción, el mercado, el desarrollo técnico o las inversiones;
repartirse los mercados o las fuentes de abastecimiento;
aplicar a terceros contratantes condiciones desiguales para prestaciones equivalentes, que ocasionen a estos una desventaja competitiva;
subordinar la celebración de contratos a la aceptación, por los otros contratantes, de prestaciones suplementarias que, por su naturaleza o según los usos mercantiles, no guarden relación alguna con el objeto de dichos contratos.
2. *Los acuerdos o decisiones prohibidos por el presente artículo serán nulos de pleno derecho.*
3. No obstante, las disposiciones del apartado 1 podrán ser declaradas inaplicables a:
- cualquier acuerdo o categoría de acuerdos entre empresas,
- cualquier decisión o categoría de decisiones de asociaciones de empresas,
-cualquier práctica concertada o categoría de prácticas concertadas,
que contribuyan a mejorar la producción o la distribución de los productos o a fomentar el progreso técnico o económico, y reserven al mismo tiempo a los usuarios una participación equitativa en el beneficio resultante, y sin que:

federaciones deportivas que reúnen a clubes de fútbol que son empresas.

Sin embargo, entendió que la decisión de incorporar de 18 bis y 18 ter al RETJ no constituía una decisión de las reguladas por el mismo artículo, ya que la decisión de incluir dichos preceptos no pretendía restringir, prevenir o distorsionar la competencia. Las mencionadas disposiciones se impusieron en aras a regular el mercado de transferencias de jugadores, para perseguir los objetivos legítimos invocados por la FIFA y que, a pesar de que se admitía que podía tener efectos que limitaran la competencia en el mercado de transferencias, los objetivos perseguidos lo justificaban, por las razones ya mencionadas anteriormente en el debate sobre las libertades de circulación.

Y para finalizar con este apartado, sobre la posible existencia de una posición dominante (art. 102 del TFUE[210]), la Forma-

---

impongan a las empresas interesadas restricciones que no sean indispensables para alcanzar tales objetivos;
ofrezcan a dichas empresas la posibilidad de eliminar la competencia respecto de una parte sustancial de los productos de que se trate.".

210 Art. 102 del Tratado de Funcionamiento de la Unión Europea, DOUE C-83, de 30 de marzo de 2010, TOL2.435.089, dice lo siguiente:
"*Será incompatible con el mercado interior y quedará prohibida, en la medida en que pueda afectar al comercio entre los Estados miembros, la explotación abusiva, por parte de una o más empresas, de una posición dominante en el mercado interior o en una parte sustancial del mismo.*
Tales prácticas abusivas podrán consistir, particularmente, en:
imponer directa o indirectamente precios de compra, de venta u otras condiciones de transacción no equitativas;
limitar la producción, el mercado o el desarrollo técnico en perjuicio de los consumidores;
aplicar a terceros contratantes condiciones desiguales para prestaciones equivalentes, que ocasionen a estos una desventaja competitiva;
subordinar la celebración de contratos a la aceptación, por los otros contratantes, de prestaciones suplementarias que, por su naturaleza o según los

ción reconoció que la institución de la FIFA ocupaba dicha posición dominante en el mercado. Aseveró, asimismo, que como consecuencia de dicha posición las decisiones adoptadas por la federación internacional, como eran la incorporación de los artículos 18 bis y 18 ter del RETJ, podían suponer prácticas abusivas, aunque, el Tribunal arbitral las justificó recurriendo a los objetivos perseguidos por ambas disposiciones, como eran: preservar la estabilidad de los contratos de los jugadores; garantizar la independencia y autonomía de clubes y jugadores en fichajes y transferencias; salvaguardar la integridad en el fútbol y la naturaleza justa y equitativa de las competiciones; prevenir conflictos de interés; y mantener la transparencia en las transacciones relacionadas con las transferencias de jugadores.

3. FAIR PLAY FINANCIERO

3.1. Antecedentes

El Reglamento de control económico de los Clubes y Sociedades Anónimas Deportivas afiliados a la Liga Nacional de Fútbol Profesional aprobado por su Asamblea el 21 de mayo de 2014 -que regula lo que se conoce en España como *Fair Play* (juego limpio) financiero- es consecuencia, otra más, de la necesidad, prolongada durante décadas, de controlar y gestionar el endeudamiento abusivo del que eran sujetos, principalmente, los clubes de fútbol. De hecho, durante toda esta obra, se ha visto como el legislador español persiguiendo ese mismo fin ha abordado distintos procesos, todos ellos mercantiles, en aras a conseguirlo.

---

usos mercantiles, no guarden relación alguna con el objeto de dichos contratos.".

Ahora bien, la aprobación de dicho reglamento tiene su origen en el Reglamento sobre el Juego Limpio Financiero aprobado por la *Union of European Football Associations* (UEFA)[211] en 2009, que introdujo la figura de juego limpio financiero. Mediante dicha figura se elaboró un sistema que monitorizaba la sostenibilidad financiera de los clubes, a través de tres pilares clave: la solvencia; la estabilidad; y el control de costes. Es innegable que dicho reglamento solo era, y lo sigue siendo, aplicable a las ligas profesionales y a los clubes que estuvieran clasificados para participar en una competición organizada por la propia UEFA, por lo que a nivel doméstico ese reglamento no tuvo una aplicabilidad directa. Por medio de dicho reglamento comenzaron a establecerse determinadas obligaciones de carácter financiero, que se concretaban en un control de las cuentas contables de los clubes participantes en los campeonatos europeos; siendo estos los obligados a informar respecto de sus estados financieros periódicamente, y a mantener un equilibrio entre los ingresos a percibir y los gastos a realizar. El reglamento vigente es el aprobado el pasado 28 de junio de 2023, que entró en vigor el 1 de julio de 2023.

---

[211] *Union of European Football Associations* (*UEFA*) es el órgano rector del fútbol europeo. Es una asociación de federaciones, esto es, todas las federaciones nacionales de la modalidad de fútbol, del territorio europeo son parte integrante de la UEFA. Esta, a su vez, y conjuntamente con otras confederaciones de otros continentes son asociadas de la *Fédération Internationale de Football Association* (FIFA), institución que gobierna las federaciones de fútbol a nivel mundial. Tanto la UEFA como la FIFA son entidades nacidas desde el derecho privado y regulado por el Derecho Suizo, dado que su domicilio social está sito en *Nyon* y *Zurich*, respectivamente. La UEFA es la encargada de organizar distintos campeonatos de naciones de Europa, además de promover, desarrollar, controlar y velar por el fútbol, sus cometidos y finanzas a través de la elaboración de sus propios Estatutos y Reglamentos.

Evidentemente, la aprobación de dicho reglamento, de naturaleza privada, supuso muchos sinsabores para muchos clubes y ligas, que sin decidirlo veían sus libertades "empresariales" coartadas por una normativa proveniente de una asociación extranjera y sometida a un Derecho extranjero. Pero en ese momento la asociación internacional, haciendo una gran labor política consiguió que la Comisión Europea refrendara las nuevas reglas impuestas por la UEFA, materializándose ese apoyo en una Declaración conjunta de 21 de marzo de 2012[212]. Con posterioridad, y con una habilidad exquisita, en aras a ahorrarse posibles controversias derivadas de posibles vulneraciones de Derecho comunitario, ambos organismos, esto es, al UEFA y la Comisión Europea han suscrito diversos acuerdos de cooperación, siendo el último el de 6 de junio de 2022.

---

212 Ambos firmantes reconocían como objetivos de la figura del Juego Limpio Financiero (*Financing Fair Play*) los siguientes:

- Mejorar de la capacidad económica y financiera de los clubes.
- Incrementar de la transparencia y de la credibilidad.
- Mejorar los estándares de gobernanza en el fútbol.
- Alentar a los clubes a operar sobre la base de sus propios ingresos.
- Introducir más medidas disciplinarias y racionalidad en las finanzas de los clubes.
- Proteger la integridad y el buen funcionamiento de las competiciones de clubes de la UEFA.
- Fomentar el gasto responsable para el beneficio a largo plazo del fútbol.
- Proteger la viabilidad y la sostenibilidad a largo plazo del fútbol europeo de clubes.

Es cierto que en la propia declaración se subrayaba que todos esos objetivos debían ser implementados de forma paulatina, actuando siempre de acuerdo con los reglamentos aplicables dentro de la estructura legal de la Unión Europea.

3.2. Reglamento de control económico de los Clubes y Sociedades Anónimas Deportivas afiliados a la Liga Nacional de Fútbol Profesional

Acogiéndose a la competencia, en exclusiva, que otorgaba la entonces vigente Ley del Deporte[213] a las ligas profesionales, de desempeñar funciones de tutela, control y supervisión económica respecto de sus asociados, y tomando como referencia las reglas de control financiero aprobadas por la UEFA (mencionadas *ut supra*); la Liga Nacional de Fútbol Profesional (LNFP) decidió implementar sus propios mecanismos de control económico, y aprobar el Reglamento oportuno, en el seno de su asamblea el 21 de mayo de 2014, que los regulara[214].

El principal objetivo del Reglamento no fue otro que promover la solvencia de los clubes y SAD pertenecientes a la LNFP, mediante la implantación de nuevos parámetros de supervisión y control; aunque como objetivos especiales del sistema también se perseguían los siguientes:

- Mejorar la capacidad económica y financiera de los clubes, incrementando su transparencia y credibilidad.
- Otorgar la debida importancia a la protección de los acreedores, garantizando que los clubes puntualmente saldasen sus deudas con los jugadores, Seguridad Social, Agencia Tributaria y el resto de clubes.
- Fomentar una mayor disciplina y racionalidad en las finanzas de los clubes de fútbol.

---

213 Ley 10/1990, de 15 de octubre, del Deporte. BOE núm. 249, de 17 de octubre de 1990, páginas 30.397 a 30.411, TOL22.598.

214 En cierto modo, se puede manifestar que el Reglamento de control económico aprobado el 21 de mayo de 2014 por la LNFP es una adaptación del reglamento elaborado por la UEFA.

- Alentar a los clubes a operar en base a sus propias capacidades de ingresos.
- Fomentar el gasto responsable en beneficio del fútbol a largo plazo.
- Proteger la viabilidad y sostenibilidad a largo plazo de las Ligas y los clubes.

El complejo mecanismo establecido por el Reglamento estaría compuesto de dos fases, la fase *a priori,* y la fase *a posteriori.*

Respecto de la primera, la fase *a priori,* fundamentalmente se referiría a la aportación de documentación contable por parte de los clubes a la LNFP; documentación que debería entregarse a lo largo de todo el ejercicio, y que demostraría el cumplimiento de sus obligaciones. Para ello, entre otros documentos, los clubes remitirían, oportunamente, los estados financieros intermedios auditados y/o certificados positivos de deudas con la Agencia Tributaria y con la Tesorería General de la Seguridad Social.

Respecto de la segunda fase, la fase *a posteriori,* con la información contable histórica obtenida de los clubes de temporadas anteriores, la LNFP podría ajustar el presupuesto anual que cada club estaría autorizado para manejar la temporada siguiente. La principal ratio utilizada en esta fase es el punto de equilibrio, que no es otra cosa que la diferencia entre los ingresos relevantes[215] y los gastos relevantes[216] en los tres últimos ejercicios. Habrá superávit cuando los gastos relevantes sean menores que los ingresos relevantes; en caso de que aquellos fueran superiores habría déficit. Es cierto que esta ratio permite dos posibles excepciones: una desviación aceptable, de 5 millones de euros para los clubes de primera división, y 2 millones para los de segunda división; y aportaciones de capital que respalden ese resultado negativo obtenido en los tres ejercicios anteriores. En esta segunda fase, también se tendrá en cuenta el gasto asociado a la primera plantilla[217], que no podrá exceder el 70 % de los ingresos relevantes y la deuda neta[218], que no podrá ser superior al 100 % de los ingresos relevantes.

---

215 El Reglamento define como ingresos relevantes (de forma resumida, pero no exclusiva), los ingresos de taquilla; derechos de retransmisión, patrocinio y publicidad; actividades comerciales y otros ingresos de explotación; beneficios procedentes de la enajenación o cesión de jugadores; plusvalías por la enajenación de inmovilizado material e ingresos financieros; e ingresos derivados de operaciones no relacionadas con el fútbol.

216 El Reglamento define como gastos relevantes (de forma resumida, pero no exclusiva), el coste de las ventas; los gastos en sueldos y salarios de empleados; los gastos de explotación; la amortización del inmovilizado material; la amortización de los derechos federativos de jugadores; y costes financieros. No se entiende como gasto relevante, entre otros, la amortización del inmovilizado intangible; los gastos en actividades directamente atribuibles al desarrollo de cantera; o los gastos en actividades directamente atribuibles al desarrollo comunitario.

217 Se incluyen el total de retribuciones y costes de la primera plantilla, así como las retribuciones del personal relacionado con el primer equipo, como son el secretario técnico o directo deportivo, los médicos, los fisioterapeutas, los utileros y/o el delegado.

218 Es el resultado de sumar: la deuda neta por traspasos definitivos o temporales de jugadores; los importes pendientes de pago derivados de financiaciones recibidas de entidades financieras propietarios, partes relacionadas, o terceros minorados por la tesorería;

En caso de incumplimiento de las reglas de control económico-financiero o de elaboración de los presupuestos, el Reglamento establece que serán de aplicación las sanciones previstas en el artículo 78 bis de los Estatutos Sociales de la LNFP[219], que podrán ir desde multas económicas, pasando por la suspensión del derecho de tramitación de licencias federativas, hasta el descenso de categoría del club infractor.

3.3. Posible conflicto con el Derecho de defensa de la competencia

Desde el momento en el que el mencionado reglamento comienza a ser aplicado, muchas de las decisiones adoptadas por los órganos designados por la LNFP comienzan, al albur de dicha normativa, a ser cuestionadas por ser contrarias al Derecho de la competencia.

Según esta corriente, dichas resoluciones difícilmente podían acogerse a la excepción recogida en el artículo 4.1 de la Ley de Defensa de la Competencia[220], y como consecuencia, al no poder ser amparado por dicho precepto, dichas actuaciones podrían vulnerar los artículos 1 (conductas colusorias)[221]

---

los activos líquidos equivalentes; y las inversiones financieras temporales e incrementados en los importes pendientes de pago con proveedores de inmovilizado.

219 Los Estatutos vigentes son los aprobados por la Comisión Directiva del Consejo Superior de Deportes el pasado 9 de junio de 2023.

220 El artículo 4.1 de la Ley 15/2007, de 3 de julio, de Defensa de la Competencia (BOE núm. 159, de 4 de julio de 2007, pág. 28.848 a 28.872, TOL1.082.683) dice lo siguiente:
"*Conductas exentas de la ley:*
Sin perjuicio de la eventual aplicación de las disposiciones comunitarias en materia de defensa de la competencia, las prohibiciones del presente capítulo no se aplicarán a las conductas que resulten de la aplicación de una ley.".

221 El artículo 1 de la Ley 15/2007, de 3 de julio, de Defensa de la Competencia (BOE núm. 159, de 4 de julio de 2007, pág. 28.848 a

28.872, TOL1.082.683) dice lo siguiente:
"*Conductas colusorias.*
1. *Se prohíbe todo acuerdo, decisión o recomendación colectiva, o práctica concertada o conscientemente paralela, que tenga por objeto, produzca o pueda producir el efecto de impedir, restringir o falsear la competencia en todo o parte del mercado nacional y, en particular, los que consistan en:*
a) La fijación, de forma directa o indirecta, de precios o de otras condiciones comerciales o de servicio.
b) La limitación o el control de la producción, la distribución, el desarrollo técnico o las inversiones.
c) El reparto del mercado o de las fuentes de aprovisionamiento.
d) La aplicación, en las relaciones comerciales o de servicio, de condiciones desiguales para prestaciones equivalentes que coloquen a unos competidores en situación desventajosa frente a otros.
e) La subordinación de la celebración de contratos a la aceptación de prestaciones suplementarias que, por su naturaleza o con arreglo a los usos de comercio, no guarden relación con el objeto de tales contratos.
2. Son nulos de pleno derecho los acuerdos, decisiones y recomendaciones que, estando prohibidos en virtud de lo dispuesto en el apartado 1, no estén amparados por las exenciones previstas en la presente Ley.
3. La prohibición del apartado 1 no se aplicará a los acuerdos, decisiones, recomendaciones y prácticas que contribuyan a mejorar la producción o la comercialización y distribución de bienes y servicios o a promover el progreso técnico o económico, sin que sea necesaria decisión previa alguna a tal efecto, siempre que:
a) Permitan a los consumidores o usuarios participar de forma equitativa de sus ventajas.
b) No impongan a las empresas interesadas restricciones que no sean indispensables para la consecución de aquellos objetivos, y
c) No consientan a las empresas partícipes la posibilidad de eliminar la competencia respecto de una parte sustancial de los productos o servicios contemplados.
4. La prohibición del apartado 1 no se aplicará a los acuerdos, decisiones, o recomendaciones colectivas, o prácticas concertadas o conscientemente paralelas que cumplan las disposiciones establecidas en los Reglamentos Comunitarios relativos a la aplicación del apartado 3 del artículo 81 del Tratado CE a determinadas categorías de acuerdos, decisiones de asociaciones de empresa

y 2 (abuso de posición de dominio)[222] de la Ley de Defensa de la Competencia y sus correlativos en el Derecho Comunitario, artículos 101 y 102 del Tratado Funcionamiento de la Unión Europea[223].

---

y prácticas concertadas, incluso cuando las correspondientes conductas no puedan afectar al comercio entre los Estados miembros de la UE.
5. Asimismo, el Gobierno podrá declarar mediante Real Decreto la aplicación del apartado 3 del presente artículo a determinadas categorías de conductas, previo informe del Consejo de Defensa de la Competencia y de la Comisión Nacional de la Competencia.".

222 El artículo 2 de la Ley 15/2007, de 3 de julio, de Defensa de la Competencia (BOE núm. 159, de 4 de julio de 2007, pág. 28.848 a 28.872, TOL1.082.683) dice lo siguiente:
"*Abuso de posición dominante.*
1. Queda prohibida la explotación abusiva por una o varias empresas de su posición de dominio en todo o en parte del mercado nacional.
2. El abuso podrá consistir, en particular, en:
a) La imposición, de forma directa o indirecta, de precios u otras condiciones comerciales o de servicios no equitativos.
b) La limitación de la producción, la distribución o el desarrollo técnico en perjuicio injustificado de las empresas o de los consumidores.
c) La negativa injustificada a satisfacer las demandas de compra de productos o de prestación de servicios.
d) La aplicación, en las relaciones comerciales o de servicios, de condiciones desiguales para prestaciones equivalentes, que coloque a unos competidores en situación desventajosa frente a otros.
e) La subordinación de la celebración de contratos a la aceptación de prestaciones suplementarias que, por su naturaleza o con arreglo a los usos de comercio no guarden relación con el objeto de dichos contratos.
3. La prohibición prevista en el presente artículo se aplicará en los casos en los que la posición de dominio en el mercado de una o varias empresas haya sido establecida por disposición legal.".

223 Los artículos 101 y 102 del Tratado de Funcionamiento de la Unión Europea (DOUE C 83 de 30 de marzo de 2010, TOL2.435.089), dicen lo siguiente:
"*Artículo 101.*
1. Serán incompatibles con el mercado interior y quedarán prohibidos todos los acuerdos entre empresas, las decisiones de asociaciones de empresas y las

Las resoluciones de la LNFP más relevantes a este respecto

---

prácticas concertadas que puedan afectar al comercio entre los Estados miembros y que tengan por objeto o efecto impedir, restringir o falsear el juego de la competencia dentro del mercado interior y, en particular, los que consistan en:
a) fijar directa o indirectamente los precios de compra o de venta u otras condiciones de transacción;
b) limitar o controlar la producción, el mercado, el desarrollo técnico o las inversiones;
c) repartirse los mercados o las fuentes de abastecimiento;
d) aplicar a terceros contratantes condiciones desiguales para prestaciones equivalentes, que ocasionen a éstos una desventaja competitiva;
e) subordinar la celebración de contratos a la aceptación, por los otros contratantes, de prestaciones suplementarias que, por su naturaleza o según los usos mercantiles, no guarden relación alguna con el objeto de dichos contratos.
2. Los acuerdos o decisiones prohibidos por el presente artículo serán nulos de pleno derecho.
3. No obstante, las disposiciones del apartado 1 podrán ser declaradas inaplicables a:
— cualquier acuerdo o categoría de acuerdos entre empresas,
— cualquier decisión o categoría de decisiones de asociaciones de empresas,
— cualquier práctica concertada o categoría de prácticas concertadas, que contribuyan a mejorar la producción o la distribución de los productos o a fomentar el progreso técnico o económico, y reserven al mismo tiempo a los usuarios una participación equitativa en el beneficio resultante, y sin que:
a) impongan a las empresas interesadas restricciones que no sean indispensables para alcanzar tales objetivos;
b) ofrezcan a dichas empresas la posibilidad de eliminar la competencia respecto de una parte sustancial de los productos de que se trate.
Artículo 102
Será incompatible con el mercado interior y quedará prohibida, en la medida en que pueda afectar al comercio entre los Estados miembros, la explotación abusiva, por parte de una o más empresas, de una posición dominante en el mercado interior o en una parte sustancial del mismo. Tales prácticas abusivas podrán consistir, particularmente, en:
a) imponer directa o indirectamente precios de compra, de venta u otras condiciones de transacción no equitativas;

y que se llevaron ante los tribunales ordinarios para que estos realizaran un estudio profundo de las mismas (que no por ello acertado), en relación a las posibles vulneraciones que pudieran haberse cometido por la LNFP en contra del Derecho de la competencia son: el caso Real Murcia, FC[224] y el caso Pedro León[225].

---

b) limitar la producción, el mercado o el desarrollo técnico en perjuicio de los consumidores;
c) aplicar a terceros contratantes condiciones desiguales para prestaciones equivalentes, que ocasionen a éstos una desventaja competitiva; d) subordinar la celebración de contratos a la aceptación, por los otros contratantes, de prestaciones suplementarias que, por su naturaleza o según los usos mercantiles, no guarden relación alguna con el objeto de dichos contratos.".

224 Auto de 21 de agosto de 2014 del Juzgado de lo Mercantil núm. 7 de Madrid. Los hechos acaecidos origen del auto referido son los siguientes: a principio del mes de agosto de 2014, la LNFP acordó sancionar al Real Murcia con su descenso administrativo a Segunda División B por incumplimiento de las ratios económicas-financieras exigidas a los clubes de fútbol. El Real Murcia recurrió la resolución ante la justicia ordinaria en aras a revertir dicha resolución.

225 Sentencia núm. 166 del Tribunal Superior de Justicia de Madrid (Contencioso-Administrativo, sección 6ª) de 28 de marzo de 2016 y Sentencia núm. 75 de la Audiencia Provincial de Madrid (Sección 28ª) de 15 de febrero de 2019. Los hechos origen de las sentencias referidas son los siguientes: en fecha 14 de mayo de 2014, el Órgano de Validación de la LNFP tuvo por presentada toda la documentación requerida para la elaboración de los presupuestos por el Getafe Club de Fútbol, SAD. Después de su estudio pormenorizado, el Órgano de Validación detectó una serie de deficiencias y dio un plazo para su subsanación; en su acta final levantada el 2 de junio, al aplicar la ecuación de equilibrio, reflejaba un límite de plantilla deportiva de 18.296 millones de euros pendiente de conocer los saldos con la LNFP a 30 de junio de 2014. Con fecha 21 de agosto de 2014, la LNFP comunicó al Getafe Club de Futbol, SAD que se mantenían una serie de deficiencias e informaba que todavía no se había incluido al jugador don Pedro León, y que no podrían incluirlo porque se había utilizado el margen para otras altas de jugadores. El día 1 de

El presente apartado se centrará en el análisis de la argumentación jurídica esgrimida por los tribunales. Se deja de lado el propio procedimiento judicial llevado a cabo, por entender que, a los efectos pretendidos de esta obra, el relato procedimental no aportaría nada al análisis.

Fundamentalmente, los argumentos alegados por las partes perjudicadas, como consecuencia de la aplicación del reglamento, se pueden resumir en los siguientes:

Por una parte, se planteaba el hecho de que la LNFP, que poseía una posición dominante en el mercado del fútbol profesional, era una asociación de carácter privado y la normativa que elaboraba también debía considerarse, en principio, de naturaleza privada; a pesar de que su constitución proviniera por exigencia de la Ley, y asumiera, por delegación, la competencia exclusiva de control y gestión de las competiciones de carácter profesional y, en consecuencia, asumiera competencias de carácter administrativo.

Las partes perjudicadas entendían que la normativa elaborada por la LNFP y, por tanto, sus resoluciones, no tenían el respaldo legal suficiente, ya que, para tomar ese tipo de decisiones, tales como, un descenso de categoría o la no tramitación de una licencia federativa -que coartaban directamente su derecho de empresa, perjudicando directamente su posibilidad de poder actuar en el mercado con los derechos y libertades que ostentaban- se necesitaba que dichas actuaciones (en este

---

septiembre de 2014, cuando el club dirigió la solicitud de tramitación de inscripción y visado de licencia del jugador don Pedro León a la LNFP, esta fue denegada porque implicaba un exceso sobre el límite máximo de gasto en la plantilla deportiva que fue aceptado por el Órgano de Validación de la Liga como parte del presupuesto para la temporada 2014/2015 del Club, el cual no fue en ningún caso recurrida por este. El jugador inició dos procedimientos: uno, contencioso-administrativo y otro ante la jurisdicción mercantil.

caso las resoluciones y el contenido de las mismas) estuvieran respaldadas por normas de rango de Ley, tal como lo exige el artículo 4.1 de la Ley de Defensa de la Competencia.

Este argumento fue rebatido, quizás equivocadamente, por los tribunales (caso Pedro León) aduciendo que la posibilidad de aplicar dicho reglamento y, por tanto, imponer las sanciones oportunas, era consecuencia de la competencia que le arrogaba el artículo 41.4 apartado b) de la entonces Ley del Deporte[226], en relación al artículo 25.b) del Real Decreto 1835/1991, de 20 de diciembre, sobre Federaciones deportivas españolas[227] que entre las competencias otorgadas a las ligas profesionales se encontraba la de desempeñar, respecto de sus asociados, las funciones de tutela, control y supervisión, y el establecimiento, al respecto, de las normas y criterios para la elaboración de presupuestos y supervisión del cumplimiento de los mismos.

A este respecto, las partes perjudicadas, así como la doctrina relevante[228], esgrimieron que la competencia de establecimien-

---

226 Ley 10/1990, de 15 de octubre, del Deporte. BOE núm. 249, de 17 de octubre de 1990, páginas 30.397 a 30.411, TOL22.598.

227 BOE núm. 312, de 30 de diciembre de 1991, páginas 41.820 a 41.826, TOL24.118.

228 PALOMINO TOLEDANO, P., (2019). "Control económico en el fútbol profesional y Derecho de la Competencia. Enseñanzas y consecuencias del caso "Pedro León"", *Revista Aranzadi de Derecho de Deporte y Entretenimiento* (65); MERCADER UGUINA, J. R., (2017). "Control financiero, licencias federativas y contrato de trabajo: el caso Pedro León (releyendo la sentencia del Tribunal Superior de Justicia de Madrid, sala de lo Contencioso administrativo, de 28 de marzo de 2016)", *Revista de Información Laboral* (12), pág. 93-107; PALOMAR OLMEDA, A. y RODRÍGUEZ GARCÍA, J., (2019). "Algunos elementos de reflexión en la ordenación del deporte profesional", *Revista Aranzadi de Derecho de Deporte y Entretenimiento* (63); GARBAYO BLANCH, J. P. y CERDA LABANDA, D., (2015). "Normativa de

to de las normas y criterios para la elaboración de presupuesto y la supervisión del cumplimiento de los mismos carecía de la suficiente cobertura normativa, ya que dicha competencia no provenía de una norma con rango de Ley, en sentido estricto, y, por tanto, sujeto al amparo de la excepción regulada en el artículo 4.1. de la Ley de Defensa de la Competencia; sino que dicha competencia procedía de un Real Decreto, por lo que dicha exención no debía de ser de aplicación.

Las sentencias, atendiendo a los argumentos de las partes perjudicadas, reconocieron que LNFP ostentaba un monopolio y, por tanto, una posición dominante en el mercado del fútbol profesional; pero estimaron que dicha circunstancia en ningún caso era contraria a los artículo 1 y 2 de la Ley de Defensa de la Competencia[229], así como sus correlativos en el Derecho Comunitario (art. 101 y 102 del Tratado de Funcionamiento de la UE[230]) porque, según su entender, la LNFP no ejercía un abuso de su posición de dominio al aplicarse las normas de control presupuestario, ya que lo hacía de forma homogénea a todos los clubes y sociedades deportivas. Según el juzgador, la aplicación de las mismas ratios económicas a todos los equipos, sin distinción alguna, era prueba de que la LNFP no pretendía abusar de su posición de dominio y limitar la libre competencia respecto de determinados equipos. Además, exponía que las normas de control presupuestario, fijando límites de gasto salarial de la plantilla deportiva, era respuesta al necesario saneamiento de las finanzas que debían

---

control económico de los clubs de fútbol como posible restricción de la libertad de competencia", *Revista Aranzadi de Derecho de Deporte y Entretenimiento,* 46, pág. 167-195; y CAZORLA GONZÁLEZ-SERRANO, L., (2016). *Derecho mercantil y deporte profesional,* Thomson Reuters Aranzadi, pág. 47 y ss.

229 Ley 15/2007, de 3 de julio, de Defensa de la Competencia. BOE núm. 159, de 4 de julio de 2007, páginas 28.848 a 28.872, TOL1.082.683.

230 DOUE C-83 de 30 de marzo de 2010, TOL2.435.089.

acometer los clubes deportivos y del todo proporcionales con dicho objetivo.

Como consecuencia de los litigios originados fruto de la imposición de las obligaciones nacidas del Reglamento de control económico de los Clubes y Sociedades Anónimas Deportivas afiliados a la Liga Nacional de Fútbol Profesional, el legislador fue consciente que para respaldar que una institución como la LNFP, a través de los reglamentos aprobados por su asamblea, tuviera esa competencia tan amplia y con tanta transcendencia, no solo jurídica sino económica, debía tener un respaldo normativo suficiente, que carecía hasta la fecha (y así lo habían manifestado los clubes y agentes perjudicados, así como la doctrina mayoritaria). De hecho, a través del Real Decreto Ley 5/2015[231] se modificó el artículo 76.3 apartado a) de la entonces vigente Ley del Deporte e incluyó como infracciones específicas muy graves de los clubes deportivos de carácter profesional el incumplimiento de los acuerdos de tipo económico de la Liga profesional correspondiente, incluido cualquier acuerdo válidamente tomado por los órganos de representación de dichas entidades que afectare al control económico y presupuestario de sus entidades asociadas.

Y por si quedaba cualquier atisbo de duda, la aprobación de la nueva Ley del Deporte[232] ha terminado por clarificar el respaldo legal de las normas reguladoras del control financiero y de elaboración de presupuestos aprobados por la LNFP, mediante distintas disposiciones.

---

[231] Real Decreto-Ley 5/2015, de 30 de abril, de medidas urgentes en relación con la comercialización de los derechos de explotación de contenidos audiovisuales de las competiciones de fútbol profesional. BOE núm. 104, de 1 de mayo de 2015, páginas 37.989 a 38.006, TOL4.848.370.

[232] Ley 39/2022, de 30 de diciembre, del Deporte. BOE núm. 314, de 31 de diciembre de 2022, páginas 193.306 a 193.397, TOL9.339.416.

Es el artículo 56 de la norma referida el que específica que en las federaciones deportivas españolas, donde exista competición oficial de carácter profesional, se deberán constituir ligas[233], integradas exclusiva y obligatoriamente por todas las entidades deportivas que participen en dicha competición profesional; y prevé que la liga elabore su propia normativa, que deberá ser ratificada por el Consejo Superior de Deportes, dentro de la cual se encontrarán sus estatutos sociales, los reglamentos disciplinarios, de control económico a las entidades participantes, electoral, de competición y de organización interna, en su caso.

Por su parte, el artículo 95 de la nueva Ley del Deporte[234] específica cuáles son las competencias de las ligas profesionales. Esta disposición -además de señalar que entre sus competencias estarán la de organizar la competición; la de desempeñar las funciones de tutela, control o supervisión; la de ejercer la potestad disciplinaria; o la de la comercialización de los derechos de explotación audiovisuales- indica una nueva competencia que hasta la fecha no se había previsto en ningún cuerpo normativo. Una nueva competencia muy elaborada, con muchas especificidades, muy detallada para cumplir con un único fin, que sea la disposición que, finalmente, ampare y conceda la cobertura legal necesaria a la aplicación de las normas y criterios establecidos en el Reglamento de control económico de la LNFP.

Específicamente en el apartado b) del artículo mencionado establece como competencia respecto a la organización de las competiciones la siguiente:

---

233 Su reconocimiento se producirá mediante su inscripción en el Registro Estatal de Entidades Deportivas, y será entonces cuando se entenderá que queda legalmente constituida.

234 Ley 39/2022, de 30 de diciembre, del Deporte. BOE núm. 314, de 31 de diciembre de 2022, páginas 193.306 a 193.397, TOL9.339.416.

> *"Fijar las condiciones económicas y, en su caso, societarias o asociativas para la participación y el mantenimiento en la respectiva competición profesional en función de las necesidades de la propia organización y de las garantías de solvencia de la competición frente a terceras personas que puedan asumir obligaciones. Estas condiciones deberán respetar los criterios que sobre la materia determine la normativa de defensa de la competencia.*
>
> *Las ligas profesionales aprobarán un plan de control económico, cumpliendo los términos y criterios que determine el Consejo Superior de Deportes, que prevenga la insolvencia de las entidades deportivas que participan en la competición. Dicho plan incorporará mecanismos de fiscalización económica en los términos que establezcan sus estatutos y reglamentos internos.*
>
> *Entre las condiciones debe incluirse, necesariamente, hallarse al corriente en el cumplimiento de sus obligaciones tributarias y frente a la Seguridad Social, deportistas, técnicos, y demás empleados, así como a las entidades deportivas participantes.*
>
> *(…)*
>
> *El incumplimiento de dichas condiciones determinará la exclusión de la competición de la entidad.".*

Por último, la nueva Ley del Deporte[235] cuando desarrolla su régimen sancionador incluye, entre otros, como infracción muy grave el incumplimiento de los acuerdos económicos de la competición e impone como posibles sanciones: el apercibimiento; multas económicas; pérdida de puntos o puestos en la clasificación; o expulsión, temporal o definitiva, de la competición.

---

235 Artículos 104 y ss. de la Ley 39/2022, de 30 de diciembre, del Deporte. BOE núm. 314, de 31 de diciembre de 2022, páginas 193.306 a 193.397, TOL9.339.416.

Conclusiones

Después de todo el recorrido realizado a través de esta obra, podemos asegurar que la aplicación del Derecho mercantil al deporte profesional ha sido un proceso largo, no exento de dificultad. Las federaciones nacionales deportivas y, por supuesto, las internacionales, casi siempre han sido muy reticentes a someterse a las disposiciones que fueran distintas a las emanadas por ellas mismas y, por tanto, también a las distintas normas mercantiles.

Esa capacidad normativa, que tienen las distintas asociaciones deportivas, ha hecho que ellas mismas regularan su propia organización; muchas veces, ignorando a propósito la legislación de carácter público de los distintos Estados. A modo de ejemplo, los Estatutos de la FIFA (artículo 59.2) prohíben, expresamente, el sometimiento de cualquier conflicto a la jurisdicción ordinaria, so pena de imposición de duras sanciones económicas y federativas; cuestión que sería completamente inadmisible en cualquier otro ámbito social y económico, por vulnerar el artículo 24 de la Constitución Española.

A pesar de todo ello, podemos afirmar que, en general, la incorporación del Derecho mercantil al deporte profesional ha hecho que este se haya convertido en una actividad económica más segura jurídicamente.

Desde nuestro humilde punto de vista, la institución de carácter mercantil cuya aplicación ha destacado y, además, ha sido fundamental para la supervivencia económica del deporte profesional, ha sido el concurso de acreedores. Es cierto, que no todos los procedimientos concursales han seguido los mismos criterios, lo que ha generado, en muchísimos momentos, importantes inseguridades jurídicas. De hecho, solo ha de recordarse el conflicto normativo que ha perseguido esta institución desde su nacimiento.

En dicho conflicto se confrontaban, por una parte, el respecto a la jerarquía normativa; y, por otra, la regulación federativa necesaria para imponer los principios de paridad e igualdad por los que se deben regir cualquier competición deportiva. Lamentablemente, la modificación introducida a través de la incorporación de la Disposición Adicional 2bis, tampoco sirvió para aclarar demasiado el referido conflicto, y tuvieron que ser, finalmente, los tribunales los que asumieran la responsabilidad de dar la mejor respuesta a cada caso. Pero todo lo expuesto, no obsta para afirmar que, gracias a dicha institución, se ha logrado alcanzar, en muchas ocasiones, la estabilidad financiera y económica de muchas SAD.

Por el contrario, en algunas ocasiones, determinadas medidas no resultaron lo exitosas que se pretendía que fueran; por ejemplo, en el caso de la obligatoriedad de conversión de las sociedades deportivas en Sociedades Anónimas Deportivas. Es innegable que, en ese momento, fue necesario establecer un sistema de control económico que se concretó en la conversión de las sociedades deportivas en sociedades de carácter mercantil. Sin embargo, con el transcurso del tiempo, se ha comprobado que dicha medida no tuvo los resultados y la transcendencia que se pretendió que tuviera en ese primer momento. De hecho, en la nueva Ley del Deporte se ha retirado dicha obligación, y, por tanto, en la actualidad, aquellos clubes que participen en competiciones profesionales de carácter oficial no deberán convertirse indefectiblemente en sociedades mercantiles. A este respecto, es curioso que una competición tan importante en España como es la Liga ASOBAL no hubiera solicitado el reconocimiento como competición profesional antes, y que esperara hasta la aprobación de la nueva Ley del Deporte para hacerlo. Detrás de dicha decisión estuvo, sin lugar a dudas, el rechazo absoluto por parte de muchos de los clubes pertenecientes a dicha competición de asumir la obligación de conversión en Sociedades Anónimas Deportivas.

También se ha resaltar que a pesar de que desde el 2001 las SAD estuvieran autorizadas para que sus acciones cotizaran en la Bolsa de Valores. Esta posibilidad no ha sido explotada por ninguna sociedad perteneciente a ninguna competición profesional. La negociación de acciones en la Bolsa de Valores ha sido un recurso de financiación muy utilizado por clubes profesionales en países como Inglaterra, Italia o Alemania; sin embargo, en España no ha terminado de fraguar esta posibilidad. La razón de la falta de puesta en marcha de dicho mecanismo no es otra que los grandes clubes en España no son Sociedades Anónimas Deportivas; esto es, tanto el Real Madrid Fútbol Club como el Fútbol Club Barcelona son sociedades deportivas de naturaleza civil, por lo que, aun queriendo, no podrían acceder a cotizar en la Bolsa de Valores.

Por último, es necesario exponer que todavía, en la actualidad, existen determinadas normativas elaboradas por las propias instituciones deportivas, cuya aplicación podría vulnerar, entre otros, el Derecho a la competencia. Se han apuntado varias a lo largo de la obra, como son la prohibición de ceder los derechos económicos derivados de los derechos federativos de un jugador a un tercero; o las normas relativas al *Fair Play* financiero; pero existen otras muchas, que por mantener la cohesión de la obra se ha optado por no incluirlas, pero que son asimismo relevantes, como son: las normas de elegibilidades de los profesionales; la prohibición de acudir a la jurisdicción ordinaria en caso de litigio; o, y muy relacionado con esta última, la obligatoriedad de recurrir ante el Tribunal Arbitral del Deporte (CAS-TAS) sito el Lausana (Suiza), en caso de conflicto. Hasta la fecha, los tribunales ordinarios han venido admitiendo esas normativas porque entendían que quedaban justificadas dadas las características especiales del propio deporte. De hecho, acogiéndose a dicha justificación, se ha venido admitiendo, entre otras cuestiones, un sistema monopolístico que, en principio, quiebra los principios por los que se rige el derecho a la libre competencia.

Referencias bibliográficas

ALONSO HERNÁNDEZ, A. y GONZÁLEZ PÉREZ, E., (2015). "La calificación del concurso de las Sociedades Anónimas Deportivas. Principales claves y especial análisis de la presunción de irregularidades contables en relación con la valoración de sus activos. Comentario al hilo de la Sentencia del Juzgado de lo Mercantil nº 1 de Málaga de 10 de octubre de 2014", *Revista Aranzadi de Derecho de Deporte y Entretenimiento,* (46).

ÁLVAREZ RUBIO, J. J., (2018). "Extensión y límites de la especificidad del) deporte: arbitraje deportivo (TAS), normas FIFA sobre TPO y Derecho europeo", *Arbitraje, Revista de Arbitraje Comercial y de Inversiones,* vol. XI, (3).

AMPER VIDAL, J., (1992). "Régimen especial de los clubes profesionales no obligados a adoptar la forma de sociedad anónima deportiva". *Transformación de clubes de fútbol y baloncesto en Sociedades Anónimas Deportivas.* Civitas.

BERTOMEU ORTEU, J., (1992). "Las ligas profesionales y los clubes: marco de relaciones", en *Transformación de clubes de fútbol y baloncesto en Sociedades Anónimas Deportivas.* Civitas.

CAZORLA GONZÁLEZ-SERRANO, L., (2016). *Derecho mercantil y deporte profesional.* Thomson Reuters- Aranzadi.

CAZORLA GONZÁLEZ-SERRANO, L., (2017). "Las Sociedades Anónimas Deportivas", en PALOMAR OLMEDA, A. (dir.) y TEROL GÓMEZ, R. (coord.): *Derecho del Deporte Profesional.* Thomson Reuters Aranzadi.

CAZORLA GONZÁLEZ-SERRANO, L. y BLEIN CUADRILLERO, A., (2017). "Las Sociedades Anónimas Deportivas", en PALOMAR OLMEDA, A. (dir.) y TEROL GÓMEZ, R. (coord.): *Derecho del Deporte Profesional.* Thomson Reuters Aranzadi.

CAZORLA GONZÁLEZ-SERRANO, L. y BLEIN CUADRILLERO, A., (2017). "Legislación concursal y deporte" en PALOMAR OLMEDO, A (dir.) y TEROL GÓMEZ, R.: *Derecho del deporte profesional.* Thomson Reuters Aranzadi.

CAZORLA GONZÁLEZ-SERRANO, L., MARTÍN FERNÁNDEZ, I., (2011). "El Proyecto de reforma de la Ley Concursal 22/2003, de 9 de julio y su incidencia en los clubes Deportivos y Sociedades Anónimas Deportivas desde una perspectiva jurídico-mercantil", *Revista Aranzadi de Derecho Deportivo y Entretenimiento* (32).

CAZORLA PRIETO, L. Mª, (1990). *Las Sociedades Anónimas Deportivas*, Ediciones de Ciencias Sociales.

FRADEJAS RUEDA, O. Mª, (1997). "La sociedad anónima deportiva", *Revista de Derecho de Sociedades* (9).

GARBAYO BLANCH, J. P. y CERDA LABANDA, D., (2015). "Normativa de control económico de los clubs de fútbol como posible restricción de la libertad de competencia", *Revista Aranzadi de Derecho de Deporte y Entretenimiento* (46).

GARCÍA MARTÍ, C. y GÓMEZ LÓPEZ, M., (2016). "Los planes de saneamiento y la conversión de los clubes de fútbol profesionales en Sociedades Anónimas Deportivas (1982-1992)", *Materiales para la Historia del Deporte* (14).

GALLEGO LARRUBIA, J., (2018). "Transformación voluntaria, capital social y compensación de créditos en las Sociedades Anónimas Deportivas", *Revista Aranzadi Doctrinal* (6).

GONZÁLEZ GARCÍA, S., (2019). "La participación de terceros-inversores dentro del "mercado de fichajes", *Revista Aranzadi de Derecho de Deporte y Entretenimiento* (64).

GONZÁLEZ-ESPEJO GARCÍA, P., (2009). "Las formas societarias, su evolución y su perspectiva", en PALOMAR OLMEDA, A. (dir.) y TEROL GÓMEZ, R. (coor.): *El Deporte Profesional*, Bosch.

GONZÁLEZ-ESPEJO GARCÍA, P., (2023). "La nueva Ley del Deporte: breves apuntes sobre el régimen de las entidades deportivas que participen en competiciones profesionales", *Revista Aranzadi de Derecho de Deporte y Entretenimiento* (79).

GUTIÉRREZ GILSANZ, A., (2001). "La conversión de los clubes deportivos en Sociedades Anónimas Deportivas", *Revista de Derecho de Sociedades* (17).

LÓPEZ, S., (1992). "Procedimiento de conversión de los Clubes deportivos en Sociedades Anónimas Deportivas", en *Transformación de clubes de fútbol y Baloncesto en Sociedades Anónimas Deportivas*, Civitas.

MERCADER UGUINA, J. R., (2017). "Control financiero, licencias federativas y contrato de trabajo: el caso Pedro León (releyendo la sentencia del Tribunal Superior de Justicia de Madrid, sala de lo Contencioso administrativo, de 28 de marzo de 2016)", *Revista de Información Laboral* (12).

NADAL CHARCO, M., (2017). "La legalidad e idoneidad de la prohibición de los TPO según TAS (TAS 2016/A/4490 RFC Seraing c. FIFA) en el fútbol", *Revista Aranzadi de Derecho de Deporte y Entretenimiento* (57).

ORDUÑA MORENO, F. J., (1994). *La insolvencia,* Tirant lo Blanch.

PALOMAR OLMEDA, A., (2012). "El Marco general de las entidades deportivas profesionales", en BELTRÁN, E. y PALOMAR OLMEDA, A. (Coord.): *Insolvencia de las Entidades Deportivas Profesionales,* Thomson Reuters Aranzadi.

PALOMAR OLMEDA, A. y RODRÍGUEZ GARCÍA, J., (2019) "Algunos elementos de reflexión en la ordenación del deporte profesional", *Revista Aranzadi de Derecho de Deporte y Entretenimiento* (63).

PALOMINO TOLEDANO, P., (2019). "Control económico en el fútbol profesional y Derecho de la Competencia. Enseñanzas y consecuencias del caso "Pedro León"", *Revista Aranzadi de Derecho de Deporte y Entretenimiento* (65).

RAMOS HERRANZ, I., (2012) *Sociedades Anónimas Deportivas. Régimen Jurídico actual,* Reus.

REQUEIJO PASCUA, A., (1992). "El nuevo régimen jurídico de accionistas y administradores en las Sociedades Anónimas Deportivas", en *Transformación de clubes de fútbol y baloncesto en Sociedades Anónimas Deportivas,* Civitas.

SELVA SÁNCHEZ, L. M., (1992). *Sociedades Anónimas Deportivas,* Colegio de Registradores de la Propiedad y Mercantiles de España: Centro de Estudios Registrales.

TEJEDOR BIELSA, J. C., (1993). "Acerca del derecho de asociación deportiva y su tutela jurisdiccional", *Revista de Derecho Deportivo* (2).